기독교문서선교회 (Christian Literature Center: 약칭 CLC)는 1941년 영국 콜체스터에서 켄 아담스에 의해 시작되었으며 국제 본부는 미국 필라델피아에 있습니다. 국제 CLC는 59개 나라에서 180개의 본부를 두고, 약 650여 명의 선교사들이 이동도서차량 40대를 이용하여 문서 보급에 힘쓰고 있으며 이메일 주문을 통해 130여 국으로 책을 공급하고 있습니다. 한국 CLC는 청교도적 복음주의 신학과 신앙서적을 출판하는 문서선교기관으로서, 한 영혼이라도 구원되길 소망하면서 주님이 오시는 그날까지 최선을 다할 것입니다.

서울 으너서문 울물

God laughs when a dog laughs
Written by Sukjae Lee
All rights reserved.
Korean Edition Copyright ⓒ 2024 by Christian Literature Center, Seoul, Korea

개 웃음 하나님 웃음

2024년 4월 30일 초판 발행

지은이　| 이석재

편집　| 이신영
디자인　| 이보래
펴낸곳　| (사)기독교문서선교회
등록　| 제16-25호(1980.1.18)
주소　| 서울특별시 동대문구 천호대로 71길 39
전화　| 02-586-8761~3(본사) 031-942-8761(영업부)
팩스　| 02-523-0131(본사) 031-942-8763(영업부)
이메일　| clckor@gmail.com
홈페이지　| www.clcbook.com
송금계좌　| 기업은행 073-000308-04-020 (사)기독교문서선교회
일련번호　| 2024-51

ISBN 978-89-341-2685-0(03230)

이 책의 출판권은 (사)기독교문서선교회가 소유합니다.
신저작권법에 의하여 한국 내에서 보호를 받는 저작물이므로 무단 전재와
무단 복제를 금합니다.

개 웃음
하나님 웃음

이 석 재 지음

CLC

목차

| 프롤로그 7

제1부 | 가마솥 커피 9

개 웃음 하나님 웃음 | 토종 입맛 | 낳고 성경 | 아라리 타령조 찬송 | 설치고 날뛰다 | 뇌(腦) 훔치기 | 교회 아저씨와 아줌마 | 가마솥 커피 | 있을 유(有) | 질게 빼기 | 던지기 심방 | 조져지는 쌈빡 | 된장, 고추장 웨딩 | 백두대간 분수령(白頭大幹 分水嶺) | 괜찮은 좋은 놈 | 기도 요청 | 하나님 앞에, 하나님 위에 | 애용애용 | 하늘색 얼굴 | 소맹이 두 개 | 도밥(道食) | 독점갱신(獨占更新) | 아멘 하버지 | 모세 예수 | 시다바리선교회 | 의심 | 화난 헌금 | 씨불기도와 씨벌기도 | 쏘가리에 물리다 | 고참기도(古參祈禱) | 겁박 심방 | 느레미야 | 참새 세끼(three meals) | 이웃집 영감 | 찔쭉한 것과 전갈 | 바닐라 라떼(vanilla latte)

제2부 | 옥수수 총무 75

목사님은 오실 수 있잖아요 | 거죽 배 | 공짜 하나님 | 라떼와 지금 | 평생 불런 노래 | 안드래 목사님 | 발동(發動) | 마르지 않은 잉크 | 활어와 굼벵이 | 협박 전도 | 야무진 기도 | 참새로 살기 | 해지(解止) | 성마령 속회 | 곶감 | 목사님 회개(悔改)하세요 | 칼슘 | 뭐더라 | 간첩(間諜) | 내복 자존심 | 품값 대가리 | 풍년철학 | 주스(juice) | 전봇대와 복판번호 | 퐁당퐁당 교인 | 모하비 목사 | 태백 곤드레 | 무료와 천원 | 청국장과 장터 내음 | 왕자님 목사 | 옥수수 한 가마니 | 별 지랄을 다 했네 | 기도빨 | 명언이십니다 | 힘들고 어려운 설교 | 옥수수 총무

제3부 | 아꾸워요 124

운동으로 조진다 | 신고(申告)합니다 | 열대야 | 미쳤다 | 정선이 서울 되는 날 | 사람 사는 소리 | 퍼 돌리는 목사 | 왕국회관 다니시나요? | 죽을 만큼 떨림 | 뼈다귀 집 | 원등걸 | 정상과 대안 | 닭 다리가 생명 | 가슴에 치명상 | 참새 방앗간 | 나에겐 빚이 있다, 나가라 일터로 | 기이하다 | 타이어 교체 | 종합 참고서 | 개살에 말살, 말살에 개살 | 아꾸워요 | 유명한 교회 | 앵무새와 달인 | 왕 사모 | 참새 이사하다 | 감자와 옥수수 | 전도 전략 | 금값 시대 | 좋은 교회(II) | 18, 세례 예식 | 교회 광고 | 결혼 실패 | 조지 부시 | 빈 손 | 법과대학 | 뱀장어와 송어

제4부 | 막걸리 전도 168

식탁에 뱀 | 뱀장어 | 목회 아버지, 목회 어머니 | 보고 싶은 목사 | 권사 신앙생활-남편 시점 | 십일조 때문에 | 쪽팔려서 | 대심방 준비 | 전달사 | 방송(放送) | 단골손님 | 소문 | 전국호구(全國虎口) | only 미정 | 상이군인(傷痍軍人) | 바다리(왕말벌) 뒷다리 소고(小考) | 막걸리 전도 | 행사(行事) | 컴퓨터 바이러스 | 명령(命令) | 평창에 난리(亂離) | 도전(挑戰) | 원장 사모님 | 좋은 교회 | 운전면허 필기시험 | 경운기 길 | 바늘 끝 | 누구여 | 목사님 | 씨불임 | 메밀국죽 단상(斷想) | 인민군과 무장공비 | 청년 목사 | 개 발 | 이혼 도장 | 소 새끼와 개새끼 | 귀순 용사

제5부 | 새복기도 208

깨를 볶다 | 일일구 | 천국(天國) | 방송국 소품실(1) | 눈치코치 | 소금길 | 하이에나 | 예배표 | 권사인증(勸士認證) | 대장 목사님 | 외상(外上)(1) | 편지(1) | 결혼(結婚): 고린도전서 7장을 중심으로 | 우리 장로님 | 친정집 | 죽이지요 | 천기누설(天機漏洩) | 연설(演說) | 레이저 시술 | 번쩍 세월 | 하나님 되기 | 미스코리아 피부(皮膚) | 새복 기도 | 불타는 마음 | 꺼먼커피와 요물커피 | 사변(事變)믿음과 전쟁(戰爭)믿음 | 의리(義理) | 입 관리(口管理) | 촌 맛, 촌 음식 | 머슴 입맛 | 안타까운 목사 | 14통 전화 | 꺼심과 깡다구 | 대박나게 | 감자 | 신학대학

제6부 | 눈싸움과 교회 250

토종약수 | 착한 목사 | 공구리 친 날 | 입적(1) | 비행기 뜰 때 | 스알야숩 | 단군의 자손 | 이래라 저래라 | 소주 한 병 | 시다바리 | 방언(方言)(1) | 지랄과 설렘 | 놈(者) | 은퇴(隱退) | 숙주(宿主) | 천불난다 | 스댕 그릇과 눈알종재기 | 은근슬쩍 죄 | 족집게 목사 | 자연식(自然食) | 나도 인간이여 | 다, 개여 | 빼다구 강대상 | 정식교인(正式敎人) | 송영구신예배(送迎舊新禮拜) | 자랑 | 눈싸움과 교회 | 옥도쟁끼, 아까쟁끼 | 하늘나라 비행기 | 동막골 행복 | 3D 업종 | 엄마 안됨 | 빨 받는 빡쎈 기도 | 보금문과 오도바이 | 변기(便器)의 요단강 | 내일 또 올게요 | 닭과 콤퓨타 | 전설의 호구

프롤로그

신명기(申命記)가 가데스 바네아와 광야 사십 년을 회상하듯, 출바벨론 공동체가 일차 수신자가 되는 역대기(歷代記)는 어떻게 살아왔는지에 관한 회상(回想)이며, 귀환 이후 어떻게 살아야 할지에 관한 답(答)이었습니다.

소멸위험지역, 고위험지역을 넘어 소멸이 확정된 강원도 정선.
110년 전, 그곳에 세워진 정선감리교회.

정선 아리랑이 음표로 남아 불리듯 교우들의 삶과 함께 나눈 이야기가 정선교회 회상과 해답의 노래로 '복음 아리랑'이 되어 불리기를 소망하며 엮습니다.

> 여호와의 전의 산이 모든 산 꼭대기에 굳게 설 것이요 모든 작은 산 위에 뛰어나리니 만방이 그리로 모여들 것이라 많은 백성이 가며 이르기를 오라 우리가 여호와의 산에 오르며 야곱의 하나님의 전에 이르자 그가 그의 길을 우리에게 가르치실 것이라 우리가 그

길로 행하리라 하리니 이는 율법이 시온에서부터 나올 것이요 여호와의 말씀이 예루살렘에서부터 나올 것임이니라(사 2:2-3).

높은 고개, 하늘의 별을 만질 수 있다는 이름을 가진 정선의 관문 성마령(星摩嶺), 노블 선교사를 통해 전해진 복음은 오늘과 내일, 노래의 음표가 될 정선 이야기입니다.

성산에 있는 예루살렘의 영광처럼 정선의 '복음 아리랑'이 산꼭대기에 굳게 서며 모든 산 위에 뛰어날 것을 소망하며 이 책을 씁니다.

이야기의 통로가 된 정선교회 교우들을 기억하며 사랑을 전합니다.

성마령(星摩嶺) 고개, 아리랑 마을에서

제1부
가마솥 커피

개 웃음 하나님 웃음

정선교회 장계훈 장로님.

약 오십 년 만에 만난 친구는 장계훈 장로님의 교회, 장로 직분 이야기를 듣고 "지나가는 개가 다 웃을 일이다" 하셨답니다.

부인 장옥자 권사님도 장로님을 "처음 만났을 때는 무서웠어요, 깡패인 줄 알았어요"라고 회상합니다.
장로님 자신도 "그때에는 멱살 잡고, 두드려 패고, 뒤집어엎고 했었지요"라고 말씀합니다.

바울은 그런데 교회에 장로를 세운 목적이 거슬러 말하는 자들, 불순종하고 헛된 말을 하며 속이는 자들의 입을 막게 하려는 것(딛 1:5-11)이라 하며, 유다서의 기록 목적 또한 "믿음의 도를 위하여 힘써 싸우라는 권면의 필요 때문"(유 1:3)입니다.

힘써 싸우고 입을 막아, 무너진 교회의 질서와 가정을 세우고, 문란한 성도의 신앙생활을 바로 세운다면, 그 직분 감당은 지나가는 개가 웃을 일이 아니라, 여름날의 얼음냉수처럼 하나님의 마음을 시원하게 하는,

하나님의 웃을 일이 아닐까요?

창을 들어 싸움으로 이스라엘을 바로 세운 비느하스.
물맷돌을 들고 나가 이스라엘을 구원한 다윗.
나귀 턱뼈를 가지고 싸운 삼손.

하나님의 웃음을 위해 부름 받은 싸움꾼들의 부르심.
그리고 장로의 부르심.

토종 입맛

가수기와 메밀국죽.
면 반죽에 콩가루를 더한 국수라는 뜻의 가숙(加菽). 정선에서는 가수기라 합니다.

춘궁기에 배를 채우게 해 준 구황작물 중 메밀, 쌀, 보리가 귀해 모든 먹을 수 있는 것이라면 모아 푸욱 끓여서 국인지 죽인지 모를 메밀국죽.

오돌오돌, 가슬가슬, 미끄덩미끄덩, 입안에서 축구하는 메밀 알갱이.
정선교회 교인들도 제대(除隊)했다는 음식.
목사가 가수기와 메밀국죽을 좋아한다고 하니, 이금득 권사님, "목사님, 입맛 진짜 토종이네요."

토종은 그 지역 종자이며 희소성 때문에 지닌 특별한 가치이기도 합니다.
입맛이 토종이어서 지닌 특별한 가치.

토종 음식과 토종 입맛을 지니기 위한 싸움.
"힘써 싸우라는 권면의 필요"(유 1:3) 때문에 기록되었다는 유다서.

외래종, 잡족 입맛은 하늘 양식인 만나를 거부하고 정력제를 요구하는 입맛으로 파와 마늘, 생선과 외, 수박과 부추였습니다.

황천길과 저승길로 가게 하는 음녀의 양식이 꿀과 기름으로 혼합된 입맛을 추구하게 했습니다(잠 5:3; 7:27).

애굽의 양식에 길든 외래종 입맛과 잡족 입맛.

정선의 소울푸드, 가수기와 메밀국죽.

가수기와 메밀국죽이 토대가 된 정선교회 110년을 이룬 영혼의 소울푸드.

회복해야 할 하늘 양식.

말씀 입맛.

낳고 성경

낳고.
낳고.
낳고.
해서, 들고만 다니셨다는 성경.

성경이 어렵기만 했었다는 정선교회 김영선 권사님. 이제는 조금 이해가 된다고 하십니다.

김영선 권사의 '어려운 성경'이 김기철 장로님의 시점(時點)으로는 대학원에 다니시는 것 같다 하시는 것은, 대학보다 더 높은 단계인 '어려운 성경'을 의미하시는 것이겠고.

하여, 이제는 좀 똑똑해진 것 같다고 하시는 최윤자 권사도 '어려운 성경' 이해에 관한 것이겠죠?

해를 옷 입은 여인의 낳고.
해를 옷 입은 여인의 해산은 철장으로 만국을 다스릴 남자였습니다.

철장으로 다스리며 진노의 포도주 틀을 밟을 만왕의

왕이요 만주의 주되시는 재림 예수의 이름이 '하나님의 말씀'(계 12:5; 19:11-16)입니다.

지난날 '낳고'가 어려워 들고만 다닌 성경.
지금은 '낳고'가 해산이 되어 철장 권세가 되는 성경.

'조금 이해'와 '대학원', '똑똑해진 것 같음'이 출산을 위한 잉태가 아닐까요?

낳고.
하여, 들고 다닌 성경.
낳고.
하여, 해산되는 철장 권세의 말씀.

아라리 타령조 찬송

목사가 자주, 잘 부른다는 새찬송가 중에 팔 분의 육 박자 곡을 '아라리 찬송'이라 하시는 전단출 권사님.

가사에 은혜 되어 혼자 부를 때에는 음정, 박자 무시하고 부르신다고 하니 그야말로 아라리 곡조 '느린 질게 빼기'로 부른다는 뜻이겠죠?

유영호 장로님.
"목사님 부르는 찬송가에는 타령조가 많아요."

같은 찬송의 다른 표현.
아라리 찬송과 타령조 찬송.

늘어지는 특징을 가진 정선 아리랑.
하여, 긴 아라리, '아라리 타령'이라 하니 전단출 권사님과 유영호 장로님의 '합'(合)인 '아라리 타령조 찬송'은 맞는 말씀이죠.

정선 아리랑의 기원을 고려말 조선 창업을 반대한 유신 중에 정선으로 은거지를 옮긴 이들이 고려 왕조에 대한 충절을 맹세하며 흠모한 심정을 한시로 지어 읊은 것으로 보고 있습니다.

마치 바벨론 강가에서 유다 포로들이 예루살렘을 기억하며 부른 애가처럼 말입니다.

하여, 고려 충신들이 부른 노래가 아라리요.

남 유다 포로된 자들, 좋은 무화과(렘 24:5)들이 부른 노래가 애가요.

아라리 마을에서 부르는 팔 분의 육박자 찬송이 아라리 타령조 찬송입니다.

고려 충신.

주전 586년, 말씀에 충성을 다한 충신.

오늘날 착하고 충성된 종인 충신들이 충절 맹세와 흠모의 심정으로 불러야 할 노래.

정선 아라리 마을, 정선교회 아라리 타령조 찬송.

설치고 날뛰다

설치다.
'행동을 거칠게 하면서 나서서 함부로 행동하다, 몹시 날뛰다'라는 의미.

정선, 나전 우체국 맞은편.
마을 할머니들이 모여 운영하시는 상호도, 간판도 없는 만둣국 식당.
식사 중이셨던 신옥란 권사님을 만났습니다.
먼저 목사의 밥값을 계산하시려는 권사님과 권사님네 테이블까지 계산하겠다는 목사.

카드 단말기 담당하시는 젊으신 할머니께서 정리해 주셨습니다.
"목사님까지 설쳐대지 마시고 그냥, 대접을 받으세요."

좁은 식당, 뒤에 오신 두 분은 목사의 테이블에 합석합니다.
마침, 정선군 체육회장님, 정선교회 은빈, 준석이 아빠와 함께 앉게 되었습니다.

또다시 발생한 식삿값 카드 내밀기.

이번에도 정리해 주십니다.
"목사님이 돈을 쓰셔야지요."

같은 식당, 다른 정리.
설쳐대지 말라, 돈을 쓰라.
단말기 담당 할머니 마음대로였습니다.

설쳐대지 않도록 정리해 주시는 할머니의 정선다움.
계산으로 날뛰다가 잊어버린 만둣국 맛.

하나, 정선다움을 더 기억하게 해 주신 만둣국 식당이었습니다.

뇌(腦) 훔치기

목사의 머릿속에 있는 '성경 말씀' 모셔 왔으면 좋겠다는 이주은 집사.
"목사님의 뇌(腦)를 훔쳐 왔으면 좋겠어요."

기럇여아림 아비나답의 집.
72년간 나무밭에 방치된 법궤(시 132:6, 현대어 역)를 찾아옴 같이.
웃사 사망 이후 오벧에돔의 집에서 여섯 걸음을 뗄 때마다, 옮기는 내내(삼하 6:13, 메시지 역) 수송아지 일곱과 숫양 일곱 마리로 번제를 드리며 다윗의 장막까지 13km를 870명의 레위인을 소집하여 모셔 옴 같이.
모세가 우레와 번개, 불 속에서 죽기를 각오(출 19:16-21)하고 받았던 십계명 같이.
큰 붉은 용이 삼키고자 하는 위협 가운데 출산하려는 해를 옷 입은 여인의 철장 권세의 말씀(계 12:1-5)처럼.

받은 십계명으로 하나님의 주권 세우기를 원한 모세.
오벧에돔 집에 큰 용사와 다스리는 자, 능력 있는 자들이 배출된 것을 소망한 다윗.
큰 붉은 용과 바다와 땅에서 올라오는 짐승을 이기는 철장 권세의 말씀 출산을 원한 해를 옷 입은 여인.

잠언(箴言)의 바늘 짐(箴)자처럼, 찌르고 치는(?) 말씀이 아니라 "불처럼 무엇을 태우고, 바위를 부수는 쇠망치"(렘 23:29, 현대어역) 같다 하더라도, 그것이 하나님의 말씀을 알아내는 방법이기에, 목사의 뇌라도 훔쳐 알고 모시기를 원하는 이주은 집사.

다윗과 모세, 해를 옷 입은 여인처럼.
받아오기, 모셔오기, 출산하기.

이주은 집사의 목사 뇌 훔쳐 오기는 말씀 훔쳐오기.
하여, 정선교회 목사의 행복한 고민.
'뇌(腦) 파수하기' 해야 하는 것 아닐까요?

교회 아저씨와 아줌마

올해 네 번째 아동부 친구 초청 잔치, 현재 상황 32명 등록.

로비에서 과자를 먹고 있는 낯선 아이들.
목양실에 있는 '뽀로로' 음료를 주겠다는 목사에게 오히려 선심을 씁니다.

"아저씨도 비틀즈 먹을래요?"
하여, 가운을 입은 목사와 만난 아이들의 사뭇 다른 반응. 목사 가운과 연상(聯想)된 탓일까요?

사찰(寺刹)을 다녔던 아이들은 '법사님'이라 합니다.
'도사(道士)님.'
'도를 많이 닦아 어느 정도의 경지에 이른 사람'이라는 과분한 호칭으로 부르기도 합니다.

'사범님'이라는 아이들도.
관장님과 원장님은 많이 듣는 이름입니다.
그리고 이번에 더해지는 아저씨까지.
담임 목사의 아내가 옆에 있었더라면 아줌마까지도 말입니다.

교회 오빠가 익숙한 탓일까요.

낯설지 않을 뿐만 아니라 이스라엘 왕 바아사와 아합이 참 선지자 하나니와 미가야를 옥에 가두라 할 때 '이놈을 옥에 가두라'(대하 16:10; 18:26) 하였으니, '이놈'보다는 감사할 따름입니다.

정선초등학교 가수분교장에 5명인 학생 수.
아동부 초청잔치를 통한 부흥의 징조로 올해 가수분교 여섯이나 교회 안에 만들어졌고, 정선교회 목사와 사모는 교회 아저씨와 교회 아줌마였습니다.

가마솥 커피

사십 년 전에는 이랬다고 합니다.
마당 한 편에 가마솥 걸어 장작 때며 주걱으로 휘젓고, 스댕 그릇으로 들이키고는 들쩍지근한 맛에 한 사발씩 더 마셨답니다.

독해서일까?
벌렁벌렁한 가슴, 뜬눈으로 밤을 지새고 타는 법도, 타는 양도 모르던 때, 한 통 다 쏟아부어 펄펄 끓여 나눠 마셨다는 커피.

이제는 장작 타는 가마솥 대신 터치스크린 무인 정보 단말기를 마주합니다.
서툰 기계 주문, "어떻게 하다 보이 이게 나왔네요."

먹는 법도 모르고, 스댕 그릇 잔에 비하면 성에도 차지 않는 눈알 종지만 한 것에 낯선 커피, 고농축 커피 '에스프레소.'

그때가 그립다는 뜻이겠죠?
속회 예배 후 가마솥 커피로 성도의 교제가 이어졌고, 정선교회 110년, 가마솥 역사가 되었습니다.

빼앗긴 듯 아쉬워도 자리매김해야 할 가마솥 커피 바람.

장작불 가마솥 빈자리에는 번제단 예배와 제물의 향기.

번제(burnt offering)로 예배와 말씀, 헌신을 고아서 사망과 죽음이 확정되었다는 의미인 인구소멸확정지역에 새 일(사 43:19), 큰일(시 126:3) 행하실 하나님의 역사를 기대해서, 밤을 지새고 또 다른 백 년을 기대할 수 있다면 가마솥 장작불이 예배단 달구는 불의 역사로 가마솥 커피 바람을 대신할 수 있지 않을까요?

커피 고아 마신 정선교회 속회 예배.
서영수, 이기순 권사의 커피 회상.
가마솥 커피의 회상과 번제단 번제의 비전.

있을 유(有)

여기 저기, 저기 여기, 어디에도 당신은 있어야 한다는 것.

하여, 동산교회 봉헌예배 식탁을 나르고, 최미정 권사님 학원 집기를 옮길 때도, 교회 지하에 환기를 위한 문을 낼 때도 유영호 장로님은 거기에 있었습니다.
성씨가 '있을 유' 씨이기 때문이라는 것.

성경의 '있다'의 상황들.
놉 땅 제사장 팔십오 명이 학살당한 사건의 원인.
아히멜렉 옆에 '거기 있던' 에돔 사람 도엑의 밀고(삼상 22:9).
도엑이 배경 되는 시편 52편의 제목은 하나님께서 통제(control)하신다.
컨트롤 당하지 않는 '삭도날 같은 혀'(시 52:2)가 '거기에 있어' 일어난 사건이 잔인하고 참혹하게 제사장을 죽인 학살(虐殺).

주님의 십자가와 무덤 앞에 "갈릴리에서부터 따라온 많은 여자가 거기 있어"(마 27:55).
'거기 있던' 여인들에게 부활하신 몸을 "먼저 보이

시고"(막 16:9), 그가 살아나셨고 갈릴리에서 뵈오리라 하라는 부활 메시지 선포 위탁도 "거기 있던" 여인들이었습니다(마 28:7).

무덤.
'거기 있던' 돈 받은 군인들로 하여금 "우리가 잘 때 그를 도둑질하여 갔다 하라"(마 28:13)는 거짓 수작이 부활 진리를 가로막는 '거기 있던' 군인들의 개수작.

도엑의 삭도와 군인들의 개수작을 초기화한 십자가와 무덤 앞에 있을 유.

'거기 있던' 여인들처럼, 정선교회의 '있을 유' 유영호 장로님.
"목사님 사실은 묘금도 유 씨예요, 어디에나 있고 싶어서 한 애깁니다."
묘금도 유(劉) 씨의 의미에도 '여기저기를 보다, 여기저기 들름'의 의미가 있으니 참 맞는 말씀이십니다.

있을 유, 묘금도 유.

질게 빼기

　동일한 '연식 시점'(年式視點)이라 해도 될 것 같습니다.

　안영훈 성도님, 기타와 노래를 가르치며 짧은 호흡의 원인을 '다 된 연식'이라는 것.
　최순학 권사님, 건강 검진 시 조영제로 검사한 이유 역시 '연식이 되다 보니'였습니다.

　칠십 년 살아오며 네 번이나 수술하신 강계화 권사.
　부활절 특별 성가대를 조직함에 소프라노에 서기를 원하며 대원들에게 전 이해를 구합니다.
　"요즘은 옛날만큼 질게 못 빼."
　하여, 새벽 기도회에 나오시며 "질들이는 중"이라 하십니다.
　'질게 빼기' 위한, 목소리 질들이기를 칠십 연식에 다시 시작하였습니다.

　모세의 시점 또한 연수(年數)였습니다.
　우리의 연수가 칠십이요 강건하면 팔십(시 90:10).

　연식에 있어 낡고 오래된 유물 같은 상태, 빈티지

(vintage)에서 다시 시작한 실들이기의 모범 사례와 모델.

손을 들 기력이 없던 모세가 소명과 해방 요구에 응답한 때가 팔십 세.
헤브론을 차지하기 위한 전쟁을 하겠다는 갈렙의 연식이 팔십오 세.
'다 된 연식'에서 질들이기를 통한 돌파가 헬스(health)한 빈티지 오마주 연식(vintage hommage, 年式)이기를 축원(祝願) 드립니다.

'질게 빼기' 위한 질들이기와 모세와 갈렙의 질들이기.

던지기 심방

미리 약속한 정선교회 심방계획(尋訪計劃).

'소금 던지기' 심방이 먼저입니다.
여리고 성읍의 물 근원을 고쳐 기한 전에 떨어지는 죽음을 고치고 회복하기 위한(왕하 2:21) 엘리사의 소금 던지기는 '여리고 심방 따라 하기'(copy)입니다.

그다음 해에는 '가루 던지기'입니다.
엘리사의 길갈 선지자 학교 방문 시, 국솥에서 발견된 죽음의 독(毒).
가루를 던져 제거하는(왕하 4:41) 엘리사의 '가루 던지기' 심방.

이어지는 던지기는 나무입니다.
출애굽 공동체가 마라에서 만난 쓴 물(출 15:23).
모세는 여호와께서 지시하시는 나무를 던짐으로 단물로 고쳤습니다.
모세 따라 하기는 '쓴 물 고치기' 심방.

그렇게 던지기로 이어가다가는 돌멩이를 던지는 '다윗 따라 하기' 심방까지 갈 것 같습니다.

엘라 골짜기에서 블레셋과의 전투(삼상 17:2).
블레셋의 골리앗을 이긴 것은 물매로 던진 돌(stone)이었습니다.
적군을 이기기 위한 '다윗 따라 하기' 심방.

엘리사, 모세, 다윗, 카피 심방(copy 尋訪).
소금 던지기, 가루 던지기, 나무 던지기, 돌 던지기.

죽음과 독(毒), 쓴 물과 적군을 이기기 위한 '던지기 심방' 계획입니다.

조져지는 쌈빡

목소리가 안 나올 만큼 독한 독감으로 고생하신 도광순 장로님.
장로님이 제시하는 치료 해결책.
"혈관 주사 한 대 맞으면 직빵(直放)입니다."

'직빵'은 연무중앙교회 강계화 권사의 링거에 대한 일인칭 주인공 시점.
"한 대 맞으면 쌈빡해"의 '쌈빡'이 오버랩(overlap) 됩니다.

직빵, 쌈빡과 같은 시점(視點).
연무중앙교회 최원도 장로님.
안면신경마비 증상인 구안와사(口眼喎斜)는 침으로 조져지는 병이니, 침으로 조져야 한다고 합니다.

산부인과 수술을 받고 오신 김춘하 성도에게 팔십 평생을 살아오신 홍경숙 집사의 직빵책(直放策)은 "안티푸라민을 발라, 고데 괜찮아져."

고데 괜찮아지고, 조져지고, 쌈빡해지며 직빵과 직통인 일인칭 주인공 시점.

한 대 맞으면 삼빡해진다는 것이 '성경 시점'(聖經視點)과 크게 다르지 않은 것 같습니다.

얍복강 나루에서 뼈가 부러지도록 한 대 맞고 이스라엘로 살아간 야곱.

다메섹 도상에서 눈에 비늘이 벗어지도록 맞아 바울이 된 사울.

사나 죽으나 주를 위해 살아간 삶이니, '산뜻하다'의 방언인 쌈빡하게 살아간 이들이라 하겠고 침(鍼)이나, 안티푸라민이 아닌 하나님의 손(전 2:24), 지존자의 오른손(시 77:10)이기에 '성경 말씀 시점'이라 할 수 있겠죠?

여북하면 침(鍼)이나 링거, 안티푸라민이라도 쌈빡의 직통이라는데.

하나님 손에 맞는 자리, 얍복강과 다메섹 도상이 치료와 회복의 직빵해결책(直放解決策)이길 소망합니다.

된장, 고추장 웨딩

장, 장가(醬, 丈家)보내다.

총(總), 여선교회 회장, 이숙자 권사님의 계획.
장(醬)을 장가보내야겠다는 것입니다.

여름철, 뜨거워진 항아리 열 때문에, 돌덩이처럼 굳어지고 붉은색에서 검은색으로 변한 장(醬).
메주나 콩을 삶아 비율에 맞춰 소금으로 간합니다.
하여, 먹기 좋게, 처음 담글 때처럼 연하고 묽게 만드는 작업을 장가보내는 일이라 합니다.

굳게, 검게 변한 장(醬).
장(醬)의 리뉴얼(renewal)과 리모델링(remodeling).
리노베이션(renovation)과 초기화(初期化, formatting).
된장, 고추장의 웨딩(wedding)입니다.
마치, 장(醬)의 웨딩처럼.

엘리사가 여리고 성읍에 '죽음과 열매 맺지 못함'(왕하 2:21)의 물 근원을 고칠 때.
길갈 선지자 학교 국 솥의 '죽음의 독'(왕하 4:38-41)을 제거할 때.

각각 소금과 가루를 통하여 복구하고, 수리하며, 고치는 일을 한 것입니다.

정선교회 장독대.
여리고 성읍의 물.
선지자 학교의 호박국.

장가(wedding)를 통한 장과, 물과 국의 맛있는 맛을 기대하게 합니다.

장, 장가(醬, 丈家[wedding])보내기.

백두대간 분수령(白頭大幹 分水嶺)

숲 해설가, 일명 산토끼 선생님인 김외자 성도의 백두대간 태백산의 삼수령에 관한 설명.

삼대 강의 꼭짓점.
하여, 갈라지는 물방울 세 갈래 길.
낙동강, 한강, 오십천을 통해 각각 남해와 서해, 동해로 흐르는 삼수령(三水嶺)은 분수령(分水嶺)이라는 것입니다.

성경이 해설하여 주는 갈래 길.
하나님을 등 뒤에 버린 여로보암의 길.
하나님께서도 여로보암의 길을 가는 이스라엘과 여로보암의 집을 쓸어 버리겠다 하셨으니 그 길은 '쓰레기'의 길(왕상 14:10, 메세지역).
가인의 길은 동생을 죽인 살인자의 길.
발람의 어그러진 길은 싯딤 음행과 바알브올 사건을 사주(使嗾)하여 2차 민수에 들지 못하게 한 영적, 육적 간음의 길.
고라 패역의 길은 들이대는 길이었습니다.

산토끼 선생님의 해설.
삼수(三水)로 나뉘는 분수(分水).

성경 해설에 분수(分水)의 꼭짓점을 광야 40년을 초기화한 거룩한 출발의 의미, 가데스 바네아.
사울의 길에서 분리되라는 갈림바위는 셀라하마느곳.
삼수와 같은 가인, 발람, 고라의 길에서 '힘써 싸우라는 권면'(유 1:3)의 목적으로 기록된 유다서는 또 다른 분수령이겠죠?

백두대간 분수령, 성경의 분수령.

분수령(分水嶺), 꼭짓점의 방점(傍點)은 '복 있는 자의 길'(시 1편)입니다.

괜찮은 좋은 놈

외국 번역 찬송가에 우리 정서로 표현된 128곡이 더 수록된 새찬송가.

새로운 찬송가에 대한 교인들의 다른 반응.

연무중앙교회 최송순 권사님.

443장 '아침 햇살 비칠 때' 장수(張數)에 빨강 펜으로 동그라미를 해 놓으시고 반쯤은 접어놓으시며 "좋은 놈"이라 하십니다.

심방 예배에 꼭 '에덴의 동산처럼'을 불렀으면 좋겠다는 송기억 집사.

"교회에서 들으니 괜찮데요."

송 집사님에게 꼭 부르고 싶은 이유.

괜찮은(ok, good) 찬송이기에 그렇습니다.

우리 정서로 표현된 것이 이유이겠죠?

유영호 장로님,

"목사님이 부르는 찬송은 타령조가 많네요."

전단출 권사님은 '아리랑 곡조'(曲調)라고도 하십니다.

타령조, 아리랑 곡조라도 '좋은 놈'이고 '괜찮은 찬송'입니다.

오케이 찬송, 나이스한 놈 찬송.
하여, 반쯤 접어 두고 빨강 동그라미를 하십니다.

기도 요청

작년, 온 밭을 헤집어 놓는 산돼지로부터 곡식을 지키려, 한 달가량 밭에서 주무시고 너무 힘들어하셔서, 회복이 덜 된 줄로만 알았던 전금택 권사님.

하나, 그것이 아니기에 부인 최순옥 권사님이 남편을 위한 기도 부탁을 하십니다.
"글쎄, 심장이 느래고, 맥박이 드문드문 뛰서 똑 띠기는 모르지만, 옛날 맨치로 일부러 막 뛰게 해 주는 기계를 몸뗑이 안에 넣는 수술을 한다 그래요. 살하고 같이 붙어서 자리 잡기까지 석 달이나 걸린다고 하네요."
인공심장박동기 시술을 위한 기도 부탁 내용이었습니다.

권사님의 기도 부탁을 듣고 심장을 일부러 막 뛰게 하셨고, 짐짓 뛰게, 우정(intentionally) 뛰게 하셨고. 드문드문, 간격(interval) 주지 않고, 휴식시간이나 짬 내는 시간 없이 심장을 뛰게 하신 하나님의 은혜를 생각합니다.

부인 권사님의 요청대로 사람 손으로 만든 인공심장

이지만 일부러 막 뛰게 하시고 짐짓 뛰게 하시는, 은혜의 자리를 대신하는 하나님의 창조적 대안이기를 마음 중심으로 기도 드립니다.

하나님 앞에, 하나님 위에

"하나님 앞에 가고부터는 전에 많이 먹던 술을 딱 끊었어요."
정선교회 김재환 권사님의 교회 출석과 예배를 위한 결단.

코람데오(Coram Deo), 하나님 앞(before God)이었고 임재(臨在)와 지켜보심 앞으로 나아가는 것이었습니다.

연무중앙교회 김정자 성도에게 불신 남편의 호통.
"하나님 위에 국 냄비를 올려놓으면 어떡해."

성서(聖書)가, 성도(聖徒)인 아내에게는 국 냄비 올려놓는 냄비 받침.
불신 남편에게는 하나님이었습니다.

김재환 권사의 예배는 술을 딱 끊은 하나님 앞에.
예배 출석은 안 했지만, 성서(聖書)는, 국 냄비 올려놓을 수 없는 하나님 위에.

하나님 앞에, 하나님 위에.

애용애용

김외자 성도님.
얼마나 싫고, 듣고 싶지 않았으면!
여북하면 그랬을까?

병원 13개 과를 다니시는 성도님.
동네 사람 부끄럽고, 아는 것도 창피하여.
'애용애용' 소리 안 나게 와 달라고 딸에게 부탁했답니다.

그날은 요로결석으로 인한 통증.
죽는 날인 양, 아이 낳는 것보다도 더하고 숨도 못 쉴 만큼 조여왔습니다.
오른쪽 발목은 숲 해설을 하다가 나자빠져 골절된 상황.
깁스(Gips)한 상태에서 말입니다.

얼마 전, 지난 이야기였지만 요로결석 얘기를 함께 듣던 이종선 권사님.
웃음을 위한 반전 멘트였겠죠?

"교회결석하지 마세요" 하시네요.

이상은, 정선교회 김외자 성도가 죽는 날로 여겨질 만큼 요로결석 통증으로 고통받던 날.

119구급차를 불러 응급실 가신 이야기.

'애용애용'은 119구급차 사이렌 소리의 김외자 시점.

'애용애용' 출동한 날.

요로결석(尿路結石)과 교회결석(敎會缺席).

하늘색 얼굴

남편 김진호 장로님의 호박 풍년 농사.
너무 많이 드신 이유로 호박색, 파란 얼굴 되셨다는 안매화 권사.

성경 인물의 얼굴을 떠올려 봅니다.
싯딤에 일어난 전염병, 이만 사천 명이 죽어야 하는 음행의 제공자 시므리와 압살롬.
반역 당시 다윗에게 돌을 던지며 저주한 시므이를 시무룩한 얼굴로 기억하자고 했습니다.

유두고의 졸린 얼굴과 베냐민 기브아의 불량배 얼굴.
기드온과 입다 때에 에브라임 지파의 대항하는 얼굴.
숙곳과 브누엘의 지원을 거부하는 희롱하는 얼굴.

파란 얼굴을 호박색이라 하기보다는 하늘색이 더 맞지 않을까요?
하늘에서 내려온 산 떡, 생명의 떡을 먹어, 하늘 아버지를 닮은, 하늘색 얼굴 말입니다.

형의 얼굴에서 하나님의 얼굴이 보인다(창 33:1-20)는 브누엘.

하여, 하나님의 얼굴이라 합니다.

호박색, 시무룩한 얼굴, 불량배와 대항하는 얼굴, 졸며 조롱하는 얼굴에서 페이스 리프트(Facelift).

풍년 호박 농사, 호박색에서.
베들레헴 떡집 풍년, "고향에 풍년 들게 하셨다는 말을 듣고"(룻 1:6, 표준새번역).

하늘색 브니엘의 하나님 얼굴과 하늘색 얼굴.

소댕이 두 개

뭐든 재밌게 말씀하시는 도광순 장로님의 맛집 이야기. "소문난 맛집, 누구도 맛집 비법(秘法)을 몰랐는데 결국 자식들에게는 '미원 세 숟가락' 하고 꼴까닥하셨대."

맛집 사장님의 꼴까닥 순간 남겼다는 비법전수 유언.
믿음의 사람들의 유언적 비법전수를 고별설교라 해야겠죠?

세겜에서 여호수아의 고별설교는 '여호와만을'의 답을 끌어내는 언약갱신이었습니다.
마치, 소제의 금지물인 누룩과 꿀을 첨가할 수 없듯.

이젠 전국구 맛집 명성을 얻은 제천의 모(某) 분식집.
과거, 소댕이 두 개밖에는 보이는 것이 없었습니다.
소댕이 두 개의 맛은 순수한 맛, 재료 본연의 맛을 유지하기 위한 비법이 아니었을까요?

음녀의 꿀 바른 말, 기름 바른 말(잠 5:3)은 그에게 죽은 자가 허다하게 하는 영혼 사냥(잠 7:26, 6:26)의 첨가물이었습니다.

세상 비법은 미원 세 순가락.
교회 비법은 미원도 꿀도 누룩도 섞이지 않은, 첨가물 혼합에 대한 거부!

꼴까닥할 때까지 지켜내고 전수해야 할 구약과 신약.
소댕이 두 개처럼.

도밥(道食)

역전 4속 전효자 권사님.
정선교회에 도통(道通)한 목사가 왔다고 동내(洞內)에 목사 자랑을 하셨답니다.
김철준 성도. 교회에 등록한 이유와 출석 교인이 된 이유, "밥 먹으러 가요"였습니다.

예배의 말씀은 생명의 떡(요 6:48).
하늘 양식, 일용할 양식(출 16:4)입니다.

하여, 예배의 설교 말씀도 밥(食)입니다.

교회 등록과 출석에 대한 겸손한 표현.
'밥 먹으러 가요.'

도통한 목사의 밥.
도밥.

전효자 권사의 도통한 목사 자랑과 김철준 성도의 교회 등록과 출석 이유.

독점갱신(獨占更新)

정선 '카페, 유' 사장님.
"정선교회가 독점(獨占)이니 점령(占領)했지요."

세겜에서의 언약 갱신은 문답을 통해 알 수 있듯 '여호와만을 섬기겠다는' 여호와 신앙 독점에 대한 갱신이었습니다.
혼합하지 말고 독점하라는 답을 확인하는 세겜이 가데스 바네아에 이어 새로운 출발점이 되라는 고별설교였습니다.

독점이 무너진 사사시대를 암흑기라 합니다.
하여, 바알브릿(바알과 언약을 맺다)을 통한 혼합이 통곡하는 보김(삿 2:5)의 결과를 가져왔습니다.

나귀를 통해서도 말씀하시는 하나님.
블레셋 방백을 통해 본처로 돌리라고.
룻을 통해 어머니의 하나님이 나의 하나님이라고.
술람미 여인의 길러진 머리카락으로 남편을 매이게 하라고.

이제 '카페, 유' 사장님을 통해 '독점이니 점령했다'를 '독점하여 점령하라'는 정복과 정착 시대의 새로운 키워드로 들립니다.

정선교회가 독점이니 점령했다.
이제 여호와 신앙을 독점하여 점령하라!

독차지의 새로운 출발.

아멘 하버지

교우들께 아멘을 요청하는 저의 멘트입니다.

아멘요?
믿습니까?
할렐루야?
아멘입니다!
아멘이시죠?
아멘입니까?
아멘 한 번하고 가실까요?
눈 감으신 분들을 위해 아멘 한 번 하십시다.
놀렐루야까지.

그래서일까요?
유아실에서 TV를 통해 설교를 듣던 박종희 권사님 외손녀 서하가 목사를 "아멘 하비", "아멘 하버지"라 했다고 합니다.

서하를 통한 또 다른 호칭은 도사님.
관장님, 법사님, 원장님보다 마음에 들고 목사에게 좀 더 가차운 호칭 같습니다.

'하비'와 '하버지'는 '아니, 벌써 하버지!'라는 마음이 들게 하지만 말입니다.

목사.
'아멘 하비'와 '아멘 하버지', '아멘 할아버지.'

모세 예수

"올해도 감투는 그대로 쓰는 거죠?"

제천 공전교회 홍경숙 집사님의 감투 말씀을 생각하게 하는 부여 신성교회 이현순 권사.
본인의 가장 큰 자부심은 신성교회 역사 이래 제1호 권사 감투(?)와 34년생 90 연세라는 사실.

설교 도중 전도사의 물음.
"우리를 위해 죽으신 분이 누구십니까?"
이현순 권사의 나지막한 목소리의 대답.
"모~세."

아마도, 우리를 위해 대필한 모세오경.
우리를 위해 신신당부한 신명기, 세 편의 고별설교인 말씀을 남기고 120세에 하나님의 부르심을 받았다는 사실.
그래서 우리를 위해 죽으신 분이 '모~세.'

하여, 예수라는 확신에 찬 큰 소리보다는 특별히 나지막한 소리로 대답하신 것이 아닐까요?

우편 강도라 하지 않고.
가룟 유다라 하지 않고.
돌무덤의 아간이라 하지 않고.
모세라!!!

모세 예수(?) 정도로 이해하면 어떨까요?

예수 그리스도와
부여 신성교회 이현순 권사의 모세 예수.

시다바리선교회

전광덕 집사님이 처음 교회 나오셔서 하신 오해.
교회에 '데모도 모임이 있구나'였습니다.

데모도는 전문 기사를 돕는 보조공을 칭하는 말로 약어(略語)인 '시다'로 쓰는 '시다바리'와 같은 뜻입니다.
시다바리, 데모도 모임은 디모데선교회에 관한 오해.

황금식 집사의 '느레미야'는 '더디다'는 late나, '느레터진 미야'가 아니라, 구약 역사서 느헤미야.
이기순, 윤영일 권사의 '아시야'(아시아)는 대륙(大陸)이 아니라 구약 예언서 이사야.
곗돈 붓는 계(契)모임으로 알았다는 여선교회 지방의회인 계삭회(季朔會).
아동부 아이 중에 도사님이나 관장님, 법사님이라 하는 호칭은 목사였습니다.

데모도, 시다바리선교회.
계(契)돈 붓는 계삭회(季朔會).
더디고, 느레터진 미야의 느헤미야.
도사와 관장과 법사의 목사.

의심

경기도 포천시 이동면(二東面)에서 시작된 이동갈비.
수원갈비와 쌍벽을 이루며 명성을 얻고 있는 양대산맥의 갈비라고 할 수 있습니다.

고요한 부목사의 조모님 빈소에 조문하러 가는 길.
철원 가까이에 갔을 때 보이는 이동갈비 현수막.

함께 간 박재성 부목사.
"얼마 전까지만 해도 이동갈비가 이동하면서 판매하는 갈비가 이동갈비인 줄 알았어요."
학부(學部)를 연세대학교에서 공부하셨는데, 이동갈비를 이동 트럭 갈비로 지금까지 이해하고 있었을까?

이동갈비(二東rib)가
이동 트럭 갈비(移動 truck rib).
이동갈비(移動 rib).
갈비의 유의어는 늑골(肋骨)이기에 늑골 이동 트럭(肋骨 移動 truck)이었습니다.

학부, 연세대학교를 의심하게 되었습니다.

화난 헌금

부여 신성교회 87세 이종갑 성도.
예수 믿고 교회 출석한 지, 이제 6개월 되신 성도.

다른 교회에는 다 있는 교회 차가 없다는 것으로 화가 많이 나셨답니다.
하여, 남은 삶을 위한, 어쩌면 당신의 장례 준비를 위한 돈일 수도 있는 전 재산 삼천여만 원에서 칠백만 원을 차량 헌금으로 드렸습니다.
화가 나서, 열 받아서 드린 헌금이 종잣돈이 되어 이천오백만 원이 모아진 헌금으로 카니발 9인승 중고차량을 교회 차량으로 구입하였답니다.

마치 옥합을 깨뜨린 여인처럼.
먹고 죽을 양식으로 엘리야를 섬긴 사르밧 과부처럼.
하나님의 질투심으로 창을 들고 나가 고스비와 시므리를 죽이고 전염병을 끊어낸 것처럼.
화나서 드린 헌금은 신성교회의 가난을 끊어낸 것입니다.

'화난 헌금'이 공전교회 시탄헌금(柴炭獻金)을 실탄(實彈) 헌금이라 드리고, 마을 이장님의 성탄절 헌금

'축 발전'을 기억하게 합니다.

부여 신성교회.
교회명으로 차량 이전을 마쳤을 때 함께했던 교우들은 "이제야 교회가 제구실하겠네, 갖출 건 다 갖췄네."

그때, 양희규 집사의 외마디.
"샤시가 빠졌어, 샤시."

전도사의 샤시.
누군가 또 열받으면 담임전도사의 샤시도 해결되지 않을까요?

열 받게 하는 목회, 잘하는 목회인가요?

씨불기도와 씨벌기도

지금은 정선 남평성결교회 집사님이 되셨습니다.

정선교회 김영숙 권사님의 전도로 처음 교회에 오셨을 때, 방언 기도에 대한 반응은 "도대체 뭐라고 씨불이는 거야?"

아들이 목회하는 부여 신성교회, 예수 믿은 지 두 달 남짓 되신 성도의 방언 이해는 달랐습니다.
"고참들이 하는 기도인가?"

김 모 집사님은 틈나는 대로 중얼중얼 기도하시는 분이셨습니다.
그것을 못마땅하게 여긴 불신 남편이 씨불인다는 뜻의 북한말인 씨부렁댄다는 의미로 '김 씨벌'이라 불렀습니다.

아내에게는 틈새 기도이며, 옹알이 기도이기도 한 중얼중얼 기도가 씨벌기도가 되었습니다.

정선교회 고(故) 최동근 권사님.
코로나로 힘들어하실 때 전화로 드리는 목사의 기도

에 권사님의 반응.

"목사님 기도에 기도빨이 있기를 원합니다."

고(故) 최동근 권사님의 '빨'이 있는, '빨' 받는 기도.
씨불기도와 고참기도, 씨벌기도와 빨 받는 기도.

기도에 대한 다른 이해들.

쏘가리에 물리다

염재호 성도.
2년 전 덕송리에 귀촌하시고 정선교회 등록 교인이 되셨습니다.

덕송리 생활에서 '의아하게' 여겨지는 일.
정선 맑은 강에서 잡히는 많은 물고기.
메기, 꺽지, 쏘가리, 돌고기, 갈겨니, 천연기념물인 어름치까지.

어항을 놓으면 언제든지 매운탕을 끓일 수가 있는데 어찌 된 일일까?
염재호 성도님이 보실 때 동네 주민들은 물고기를 잡는 일도 매운탕에도 별 관심이 없어 보인다는 것입니다.

석 달간 어항을 놓았고, 매운탕을 끓인 후에야 알게 되셨답니다.
의아함에 대한 해답은 '물려서'였습니다.

'물리다'의 유의어는 '질리다'와 '넌더리가 나다'입니다.

석 달을 먹다 보니 물리고, 질리고, 넌더리가 나서.

귀촌.
석 달 어항.
쏘가리에 넌더리가 났다면 귀촌이 귀촌했다 할 수 있는 것 아닐까요?

고참기도(古參祈禱)

아들이 담임전도사로 목회하는 부여 신성교회. 대전 한빛교회 아웃리치(outreach) 팀이 돕는 사택 리모델링.
중보기도 팀은 방언통성기도(方言通聲祈禱)로 참여하였습니다.

이 모습을 보신 신성교회 교우들.
교회 출석 넉 달 된 87세 이종갑 성도는 "고참들이 하는 기도인가?"
70세 양희규 집사는 "히브리 말인가?"

다행입니다.
"온 교회가 함께 모여 다 방언으로 말하면 알지 못하는 자들이나 믿지 아니하는 자들이 들어와서 너희를 미쳤다 하지 아니하겠느냐?"(고전 14:23)

예수 믿은 지 이제 두 달밖에 되지 않았지만, 고린도전서의 말씀처럼 '미쳤다' 하지 않고, 신앙의 고참들이 하는 '고참기도'로 이해하셨으니 말입니다.

부여 신성교회 교우들의 방언 이해.
고참기도(古參祈禱), 히브리 말이었습니다.

겁박 심방

주일예배 이후 나누는 공동식사, 늘 함께 앉으시는 테이블에 김광업, 최광화 성도, 최미정 권사가 계셨고, 전대표 성도가 빠졌습니다.

전대표 성도 주일예배 결석을 묻는 목사의 물음에 최미정 권사의 대답.
"그래서, 겁을 좀 줬습니다."

최미정 권사의 겁준 일 때문이었을까요?
두 주일 지나서 전대표 성도를 교회에서 뵐 수 있었습니다.

최미정 권사의 '무서운 마음, 두려운 마음이 생기도록 만들다'의 겁주는 활동.
하여, 교회 출석하게 하는 일.

'겁주는 심방'과 '으르고 다그쳐 자기 뜻을 따르게 하다'의 겁박 심방(劫迫尋訪)이라 할 수 있지 않을까요?

정선교회 아동부는 요즘같이 더울 때, 학교 앞에서 아이스크림을 나눠주는 전도를 하고 있습니다.

실버속회는 찾아가 주는 심방을 합니다.

개인적으로는 최미정 권사의 겁주기와 겁박 심방.
겁을 주다.
겁박하여 으르고 다그침을 주다.
찾아가 주다.
아이스크림을 주다.

모두 정선교회 전도(傳道)와 심방(尋訪)입니다.

느레미야

정선 아리랑 방언(方言)이라 해야겠죠?

권옥랑 권사의 '등때 빼를 레지로 찌쳤다'는 것은 레이저 시술.
이강윤 권사의 '행수'는 행주가 아니라 향수.
강금수 권사가 좋아한다는 '시커먼 거'는 콜라.
박정자 권사가 시누이 목사님 가정을 접대하셨다는 '찔쭉한 거'는 장어.
박승기 권사가 '독' 때문에 입이 돌아간 적이 있었다는, 구워 먹은 개구리는 두꺼비였습니다.

성경도 예외는 아닙니다.
황금식 집사의 '느레미야'가 '더디다'의 'late'나 '느레터진 미야'가 아니라, 구약성경 출바벨론 공동체가 일차 수신자가 되는 느헤미야인 줄 말입니다.
이기순, 윤영일 권사의 '아시야'(아시아)는 대륙(大陸)을 말씀하시는 것이 아니라, 남 유다가 일차 수신자가 되는 예언서 이사야인 줄 말입니다.

정선 아리랑 방언(方言)의 해석.
'살다 보니' 절로(automatically) 되었습니다.

참새 세끼 (three meals)

10kg 성미 세 포가 생겼습니다.

3년째 사택 마당에 날아드는 참새.
참새의 다음 세대도 태어나 참새 식구의 2차 민수의 현장이 된 사택 마당.
물컵으로 한 번에 한 컵씩, 하루에 서너 번 정도 먹기에 세 포대로 얼마나 먹을 수 있을지를 먼저 가늠해 봅니다.

성미를 먹을 수 있는 자격에 대하여 "제사장의 출가한 딸은 성미를 먹을 수 없지만, 친정에 돌아온 경우는 아버지 몫의 음식(성물)을 먹을 수가 있다"(레 22:13).

제사장의 집에 날아들어 "주의 제단에 제 집을 얻은 참새"(시 84:3).
하여, 성미를 함께 먹을 수 있는 식솔(食率)의 성경적 자격 조건을 얻은 참새.

이제는 참새 주뎅이도 식구(食口).
참새 주뎅이들의 떼창을, 성물 몫을 감당하는 참새의 찬송이라 한다면 너무 과장된 비약(飛躍)일까요?

"주의 제단에서 참새도 제 집을 얻고 주의 집에 사는 자들이 항상 주를 찬송하리이다"(시 84:3-4).

이웃집 영감

서울연회 전(前) 감리사 모임 '모다행선교회' 정선교회 방문과 48년 노포 '풍년쌀상회' 방문.

곡식 구매에 모두 만족해 하시기에 명함을 드리라는 목사의 요청에, 뜬금없이 정선 아리랑을 부르시는 이금득 권사.

"눈이 올라나 비가 올라나 억수장마 질라나 만수산 검은 구름이 막 모여든다.
예수 믿었다면 천당이나 갈 것을 이웃집 영감 믿다가 보니 낭패를 받네!
아리랑 아리랑 아라리요 아리랑 고개 고개로 나를 넘겨주세."

풍년쌀상회 명함을 대신한 이금득 권사표 정선 아리랑 한 곡조.

모다행선교회 회장 천세기 목사님.
아리랑 한 곡조가 복음으로 다가왔다며 "울컥하는 눈물을 겨우 참았어."

회장님의 울컥한 눈물, 겨우 참은 눈물의 리뷰 중, 한 분 회원 목사님께서 '또라이 아니야!'

모다행 회장님을 눈물 또라이로 만든 정선 풍년쌀상회 노포 명함.

이웃집 영감 낭패, 예수 천당.
복음 아리랑, 소리 명함이었습니다.

찔쭉한 것과 전갈

식당 냉장고에서 직접 가져오시면서 저는 '시커먼 게 좋아요' 하십니다.

'시커먼 거.'
콜라(cola)에 대한 강금수 권사의 본인 피셜.

동해 청운교회 목사님과 사모님.
박정자 권사님에게는 시누이와 올케 사이로 정선 방문하셨을 때 식사 대접하셨다는 말씀 중에, '찔쭉한거'로 하셨다고 합니다.
장어(長魚)에 대한 박정자 권사의 본인 피셜.

예전에 두꺼비를 개구리로 알고 구워 먹었다가 두꺼비 독(毒) 때문인지 팔과 입이 뒤틀린 적이 있으시다는 박승기 권사님 말씀을 듣던 중, 고요한 부목사가 본인도 과거에 전갈(全蠍)을 구워 먹은 적이 있다는 것.
듣고 보니 '전갈'은 가재(crawfish)였습니다.
가재에 대한 고요한 부목사 본인 피셜.

재해석이 필요합니다.

시커먼 거, 콜라였습니다.
찔쭉한 거, 장어였습니다.
전갈, 가재였습니다.

바닐라 라떼(vanilla latte)

  심방 이후에 함께한 커피 타임.
  들척지근한 것이 좋으시다는 이춘홍 권사님을 위해서 주문한 바닐라 라떼.

  입맛에 덜 들척지근하셨는지 "에이~씨구와"라고 하시네요('씨구와'는 '쓰다'의 방언인 '씨굽다'의 정선 어르신 버전).

  라떼가 씨굽다는 말씀에 배경숙 속장님이 거들어 주십니다. "라떼는 멀미 나는 맛이에요."

  하여, 이춘홍 권사님이 찾으시는 것은 한때 인스턴트커피 시장의 80%를 차지하고 '연아 커피', '태희 커피'라고도 하는 일명 '경로당 커피.'

  커피의 대명사격인 '마카 커피?'를 찾으십니다.
  라떼도 씨굽고 멀미 나는 맛이라는 정선 아리랑 본인 피셜의 입맛.

  정선 입맛의 헤리티지 오마주(heritage homage).
  '경로당 커피, 연아 커피, 태희 커피'였습니다.

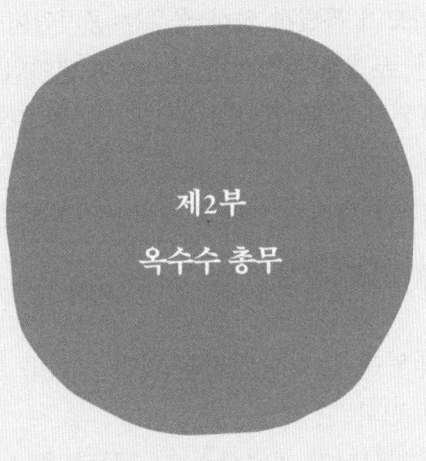

제2부
옥수수 총무

목사님은 오실 수 있잖아요

타이어 교체 시기가 가차이 온 것 같습니다.

뒷바퀴의 경우 여분대기(경남 방언인 옆댕이의 정선 아리랑 버전)는 그래도 어지간한데, 중앙 마모(center wear)가 심해서 타이어 실밥이 나오게 생겼습니다.

중앙 마모가 특별히 심한 경우는 공기압이 원인이기도 하지만, 무리한 출발이나 급가속이 원인입니다.

현대자동차 강릉 입암점에서는 "고속 주행을 많이 하시나 봐요?"

언젠가는 브레이크 드럼과 라이닝을 보시고는 "산악 주행을 많이 하시는가 봐요?"

강릉 병원에 갔다가 커피를 한잔 마시고 오려는 참에 걸려온 전화.

신승렬 집사님의 제네시스 G80 차량 출고 감사예배를 6시 30분에 드렸으면 좋겠다는 내용이었고, 전화 받은 시간은 5시 30분이었습니다.

강릉 시내를 통과해서 정선까지 와야 하는 길, 전단출 권사님의 확신은 "목사님은 오실 수 있잖아요."

1993년도 문암교회 목회 시절, 김채환 권사님의 말

씀이 떠올랐습니다.
"전도사님은 꼭 남들 두 배는 달려요."

'남들 두 배와 고속 주행과 산악 주행.'

예후를 통해 아합 왕가를 심판할 때 예후의 병거 모는 것을 파수꾼이 보고한 내용.
"병거 모는 것이 예후가 모는 것 같이 미치게 모나이다"(왕하 9:20).

"목사님은 오실 수 있잖아요."
남들 두 배 달리는 예후처럼.

거죽 배

정선교회 어르신 효도 관광.
여수, 순천 2박 3일.

첫날 저녁, 4월 말이지만, 비가 오고 바람 부는 쌀쌀한 날씨.
그 유명한 '여수 밤바다' 유람선 투어.

추운 날씨가 걱정되었는지, 권옥랑 권사님께서 질문을 하십니다.
"배에 거죽만 있어요, 거죽만 있는 배래요?"

가죽, '물체의 겉 부분'의 정선 어르신 버전인 거죽.
거죽떼기 배, 지붕 없는 한데(the open) 배.
하여, 통바람 맞고 비 맞을까 봐 하는 염려.
여수 밤바다 이사부 유람선은 좌석이 있고 지붕도 있고 그야말로 '거죽'에 더해서 '속'도 있는 배였습니다.

정선교회 권옥랑 권사님의 '거죽 배' 걱정이었습니다.

공짜 하나님

정선교회 장계훈 장로님의 처방전.
"햇빛에 한 시간만 쬐면 비타민은 바로 충전(充塡)됩니다. 늙으면 뼈다구와 핏줄이 문제이기 때문에 뼈다구와 핏줄만 관리해야 합니다."

바로 충전을 가능케 한다는 햇빛.
"하나님은 빛이시라"(요일 1:5).
"말씀은 곧 하나님이시라 만물이 그로 말미암아 지은 바 되었고 그(말씀) 안에 생명이 있었으니 이 생명은 사람들이 빛이라"(요 1:1-4).

하나님이신 말씀 안에 있는 창조와 생명과 빛.
하여, 마른 뼈다구가 되살아날 때, "뼈에게 대언하여 이르기를 너희 마른 뼈들아 여호와의 말씀을 들을지어다"(겔 37:6) 하였으며, 뼈의 회복은 조혈(造血)기관의 회복이며 핏줄, 즉 혈관의 창조적 회복이라 해야 할 것입니다.

하여, 시편 107편 기자는 말씀을 보내주심이 근심 중에, 환난 중에, 고통 중에 찬송케 하는 '기적'(시 107:21)이라고 하는 것입니다.

햇빛 비타민(sunshine vitamin)을 공짜 비타민이라 하며 그 햇볕에 쬐면 의사가 필요 없다는 이야기도 있습니다.

우리에게 빛이신 하나님을 이제부터는 '공짜 하나님'이라 해야 할 것입니다.

말씀 안에 이뤄지는 관리에 관한 장계훈 장로님, 전직 역도 선수 피셜.
정선 아리랑 버전의 처방전이었습니다.

라떼와 지금

라떼(?)는 '부름 받아 나선 이 몸 어디든지 가오리다'였습니다.

지금은 '부름 받아 나선 이 몸 스타벅스 있는 곳을 가오리다'가 되었습니다.

하여, 전도사, 부목사 청빙 공고도 몇 번씩이나 끌어 올리기를 해도 구할 수가 없는 현실이랍니다.

여북하면 전도사를 '금도사'라고 한답니다.

스타벅스 없는 곳, 인구소멸위험, 확정지역에 10조 개의 데이터베이스를 가지고 있어 '신에 가깝다'라는 chat GPT 4.0, 원하는 주제 설교에 즉각 answer로 서비스해 주는 챗봇.

목회지에 대한 패러다임 전환, 스타벅스 있는 곳.

설교에 대한 패러다임 전환, 챗봇의 자리매김.

50세 레위인 봉사 규정, 나실인 서원 규정도, 제사장 구분도, 여호야김 때에 두루마리 말씀을 면도칼로 베어 화롯불에 태워버림 같이(렘 36:23), 말씀 도면이 버려지고 챗봇 레벨에 의한 구분과 맡겨지는 설교 강단이 되지 않을까요?

자조적 냉소로 라떼와 지금을 이야기하시는 정선지방 지인 목사님의 이야기를 들으며 웃픈 내일이 그려지네요.

  정선 아리랑 피셜, 정선 아리랑 버전도 '금피셜이나, 금버전'이 되겠죠?

  하여, 다시 포매팅(formatting)해야 할 사명, 스타벅스 있는 곳에서 아골 골짜기와 빈들.

평생 불런 노래

중하 2속 대심방 중, 안부차 들른 유정순 원로장로님 댁.
하여, 짧게 드리는 예배.
찬송가, 지금까지 지내온 것이 몇 장이냐고 심방 대원들에게 묻는 물음에 장로님께서 대답하셨습니다.
"평생 불런 노랜데 뭘 찾아요."

에노스처럼, 하나님의 이름을 불런 노래.
"에노스 때에 비로소 여호와의 이름을 불렀더라"(창 4:26).

삼백 년을 하나님과 동행한 에녹(창 5:22).
하나님과 동행(同行)한 세월을 에녹의 평생이라 해야 맞겠죠?

찾지 않아도 되는 찬송, 찾을 필요가 없는 찬송.
에노스처럼 부른 노래.
에녹의 삼백 년처럼 부른 노래.

유정순 장로님의 평생(平生) 불런 노래.
"지금까지 지내온 것 주의 크신 은혜라."

안드래 목사님

웃프다.
국가가 염려하는 인구소멸위험, 확정지역.

혹자(或者)가 수요저녁예배 드리냐는 질문에 '안드래요'라고 대답했다가 그 목사님을 부르는 호칭이 안드래 목사님이 되었답니다.

'못드래요'에 대한 상황을 목사님이 짊어진 대답이 '안드래요'가 아닐까요?

예수님의 제자 중 안드레가 예배와 관련하여 안드레가 아닐텐데 말입니다.
그 안드레가 오늘 예배자가 없는 교회의 목사님 호칭이 되어버렸습니다.

예배 질문에 대한 대답. 안드래요는 '혼자 드래요'를 말씀한 것이겠죠!

안드래와 못드래.

정선 아리랑 버전으로 다시 한번 웃픔을 씹어봅니다.

안드래요?
못드래요!

실은 혼자 드래요.
혼자 드리는 예배, 안드래 목사님.

발동(發動)

"발동(發動)이 잘 안 걸리네요."

발동은 '동력(動力)을 일으키다, 움직여 일어나다'의 뜻입니다.

황금미용실, 최순학 권사님이 걸기를 원하시는 발동. '새벽기도회 참석'이었습니다.

발동 걸림이 시원찮은 자동차인 경우, 보통 점프선을 연결하여 해결합니다.
발동을 위한 점프선 연결.
방전(放電)된 배터리에 충전(充電)을 위한 일입니다.

에너지 축적을 위한 점프선 연결처럼 하늘 사다리가 땅으로 연결될 때, 불뱀과 전갈, 크고 두려운 광야가 벧엘(하나님의 집)로 바뀌듯.
'새벽에 도우시는 하나님'(시 46:5)의 점프선으로 충전되는 새벽이 시동(始動) 터지는 새복발동이기를 같은 맘으로 기도 드리겠습니다.

'새, 복, 발, 동.'

마르지 않은 잉크

지영규 성도.
예수교 입문(入門). 예수의 도(道)에 관하여 당신께서는 아직 "마르지 않은 잉크"라 하십니다.

바울의 옥중서신에서 마르지 않은 잉크.
"내가 이미 얻었다 함도, 이루었다 함도 아니라 나는 아직 내가 잡은 줄로 여기지 아니하고 오직 한 일 뒤에 있는 것은 잊어버리고 앞에 있는 것을 잡으려고 푯대를 향하여 부름의 상을 위하여 달려가노라"(빌 3:12-14).

지영규 성도의 바울과 같은 낮춤과 겸손.
마르지 않은 잉크의 정체성(正體性)이 '주님 오실 때까지.'

회전하는 그림자도 없으신, 진동하지 않는 주님의 나라가 임할 때까지 마르지 않은 성화의 진행형 되시기를 앙망(仰望)합니다.

지영규 성도의 일흔여덟 연세에 출발하시는 신앙의 정체성과 경주(競走).
'마르지 아니한 잉크.'

활어와 굼벵이

활어(活魚), 귀한 것이라고 목사에게 갖다 주셔서 매운탕을 끓여 먹었습니다.

며칠 지나서 권사님으로부터 온 연락.
"글쎄, 바다에서 막 가져온 줄 알았는데, 집 어항에 키우던 거라네요."

문암교회 목회 시절이 떠오릅니다.
나무 때는 사택, 화목 작업 중 소나무에서 나오는 새끼손가락 크기의 애벌레.
안순녀 집사님이 먼저 하나를 먹고 꿈틀거리는 애벌레를 저에게 건넵니다.
"고단백이고 몸에 좋은 거예요."

모친 김채유 권사님과 아들 김봉학 권사님이 얼음을 깨고 잡았다는 개구리.
검은 봉지에 물이 흐르는 채로 주십니다.
추운 겨울, 사택 안에서 화로에 숯불을 담아 맹재혁 권사와 함께 구워 먹은 개구리.

당시 재무부장이셨던 맹재철 권사 형제와 낚시 가서

잡아 온 깔딱메기.

   모친 김채환 권사님이 메기 손질하지 않은 채로 끓여서 메기가 먹은 지렁이와 함께 끓여진 매운탕(메기, 지렁이 매운탕) 생각이 납니다.

   목사.
   개구리는 물론, 소나무 속 활(活) 굼벵이도, 지렁이와 함께 끓여진 매운탕도, 어항 속 활어도 잘 먹습니다.

협박 전도

인구소멸확정지역인 부여 신성리 신성교회.

일 년 전에 구십 연세에 가까운 할머니 두 분 성도에서 열아홉 분이 예배를 드렸다고 합니다.

마을에 계주(契主) 되시는 87세의 이종갑 성도가 나오시고부터 시작된 변화.
먼저 마을의 계원(契員)들을 데리고 나오신 계주 어르신은 교회의 부흥을 확신하신답니다.

담임하는 이수현 전도사에게 말씀하시는 부흥의 확신은 "내가 왔응게 인자 두 배는 자신 있어, 교회에 안 나오면 강제 퇴거(退去)시킬긍게"였습니다.

메타버스 시대, 터치스크린 정보 전달이 일상화되어 대면하지 않고도 로봇이 주문한 커피를 타주는 시대에 협박(?)이 법정에 가야 하는 문제가 되지 않고 교회 부흥으로 통한다면 마치 신약성경 디도서에서 장로를 세울 때 입을 막을 수 있는 자로 세우라고 한 것이 부여 신성리 계주님처럼 강제 퇴거시킬 수 있는 자, 화장실 뒤로 데려갈 수 있는 자라야 한다는 말씀이 아닐까요?

계주님의 마음이 주님의 마음 되어서 신성리가 신성한 성품에 참여하는(벧후 1:4) 공동체로 발돋움하는 계기 되기를 기원해봅니다.

강제 퇴거로 협박하시는 계주님이 나오시고부터 시작된 변화.

협박 전도라 해도 되겠죠?

야무진 기도

새 차를 받으신 최부규 권사님.

목사에게 기도 요청을 하시면서 지난번 차량을 폐차할 수밖에 없었던 사고를 말씀하십니다.
사고 현장의 차량을 보신 분들의 이야기는 "사람이 멀쩡할까?"였다는 것입니다.

새 차 구입 감사기도를 드리신 후에 "목사님, 이렇게 야무지게, 대차게 기도해 주셔서 감사합니다."

그때 목사가 권사님께 드린 대답.
보신 분들 모두가 운전자의 생명을 걱정할 정도의 사고, 그 사망 권세로부터 분리하신 '셀라하마느곳'(삼상 23:28)의 하나님, '분리 바위의 하나님'이 야무지신 거죠!
아비가일의 다윗 향한 고백처럼 "원수들이 생명을 찾는다고 할지라도 생명 싸개 속에 쌓였을 것"(삼하 25:29)이라는 '생명 주머니의 하나님'이 대차신 거죠!

블레셋과의 전쟁을 통한 르바임(삼하 5:18) 해방 전쟁에서 물을 흩으심같이 대적을 흩어버리신 '바알브라심의 하나님'과 뽕나무잎에서 행군하는 군대의 발걸음 소리가 들릴 때 먼저 앞서 나가셔서 블레셋 군대를 치시므로 자유롭게 하신 '앞서 나가신 하나님'이 하신 것입니다.

그렇게 야무지시고, 대차신 하나님은 '분리 바위의 하나님', '생명 주머니의 하나님', '바알브라심의 하나님', '앞서 나가신 하나님'이셨습니다.

참새로 살기

'너무 많이 서운했습니다.'

이태째 목사의 성미를 참새 양식으로 나눠서 함께 먹었습니다.
하여, 이제는 친밀한 관계가 되었겠다고 생각했지만, 참새는 금세 도망가듯 날아가 버립니다.

그물 놔서 잡아먹을 사람으로 의심하는 것인가?
'너무 많이 서운했습니다.'

하나, 새매가 와서 참새를 낚아채 가는 것을 보았습니다. 고양이는 담벼락 위에 앉아 참새를 먹이로 노리고 있습니다.

괜한 오해.
괜한 서운함.
참새 주인이 되고 싶은 괜한 욕심.

의심하는 참새.
믿지 못하고 도망하는 참새.
양식 나눠주는 이를 모르는 참새가 아니었습니다.

이런 사정이 있었습니다.

목사 사택을 찾아오는 참새로 살아가기.
참새로 살기.

해지(解止)

김성실 권사의 주일예배 결석.
속회 인도자이신 전단출 권사님의 심방 보고, "코로나 격리 기간 해지(解止)가 안 돼서 못 나왔대요."

해지(解止)는 계약에 바탕을 둔 법률 관계를 소멸시키는 일이기에 깨뜨려서 없던 것으로 하다는 '해약'(解約)과 '약속을 깨뜨리다'의 '파약'(破約)이 유의어입니다.

코로나와의 계약과 약속, 계약과 약속에 대한 해약과 파약.

해제(解除)에 대한 전단출 권사님의 정선 아리랑 시점(視點).
코로나 격리 기간 해지.

"해지되면 곧 나온대요!"

성마령 속회

속회(屬會) 인도자인 박종희 권사의 행복한 고민.
"서로 가정에서 드리고자 합니다"였습니다.

코로나로 모이지 못한 것이 외로움이었고, 모이기를 원하는 마음으로 이어진 것입니다. 그래서 말씀들 하십니다. "너무 외로웠어요!"

모이기를 폐하는 어떤 이들(히 10:25), 부활을 부정하는 어떤 이들(고전 15:12), 복음을 변하게 하려는 어떤 이들(갈 1:7)이 있었던 반면, 외로움 가운데 모이기를 사모한 어떤 이들, 속회 속도원들이 있습니다.

정선, 성마령(星摩嶺)을 넘은 노블 선교사의 발걸음으로 시작된 정선교회 110년 역사.
110기로 세워진 속회.

별이 만져질 만큼 가차이에 있다 하여 이름한 성마령(星摩嶺).
하늘 가차운 무게만큼의, 수식어(修飾語) 110년의 무게.
정선교회 부흥의 무게입니다.

곶감

곶감을 가져다주시면서 목사가 부르면 곧 오겠다는 표징(表徵)이라고 말씀하십니다.

유영호 장로님이 가져다주신 곶감은 '곧 감'의 뜻.

'곧 감'의 사람들이 떠오릅니다.

"저더러 오라 하면 온다는"(마 8:9) 백부장.
"내가 여기 있나이다 나를 보내소서"(사 6:8)라는 이사야.
"너를 누구에게 보내든지 너는 가라"(렘 1:7)는 예레미야.

'곧 감' 백부장과 이사야.
'곧 가라'는 예레미야.
그리고 '곧 감'의 유영호 장로님.

곶감이 '곧 감'은, '즉행'(卽行)의 의미였습니다.

목사님 회개(悔改)하세요

"목사님 저 요즘 머리 아픈 일이 너무 많아요."
머리 아픈 일이 많으시다는 전단출 권사님.

하여(何如), 목사가 권사님께 여쭙습니다.

혹(或), 목사의 목회 때문인지?
목사의 설교 때문인지?
목사의 관계성 때문인지?

"목사님, 자꾸 그렇게 말씀하시면, 진짜 회개(悔改)하셔야 돼요."

당신의 머리 아픈 문제가 목사 때문이 아님을.
'부정'(否定)에 대한 진정성(眞情性).

"목사님, 회개(悔改)하셔야 돼요."
전단출 권사님의 진정성(眞情性).

칼슘

눈 많이 내린 날.

정선군 남면 방향에서는 제일 먼 곳 광덕리에서 교회 오시는 전금택, 최순옥 권사님이 오셨습니다.

걱정하는 목사에게 눈길 안전에 대한 단호함.
"칼슘을 얹어서 멀쩡합니다."

하여, 멀쩡한 길.
뿌려졌다는 칼슘($CaCl_2$).
권사님에게 염화칼슘($CaCl_2$)을 통한 길 건강(?)도, 칼슘(Ca)을 통한 뼈 건강도 모두가 칼슘이었습니다.

멀쩡해지는 길.
칼슘만 얹으면 됩니다.

뭐더라

정선초등학교 앞에서 만난 아이들, 반갑게 인사를 먼저합니다.

"안녕하세요, 나 그 교회, 정선교회 다녀요. 지난번 2층에서 봤어요, 뭐더라!"

목사에게 반갑게 인사한 아이는 정선교회 유년부에 다니는 윤호.
정선감리교회 유년부에 출석한 지 이제 몇 개월 되었고, 2층에서 목사를 보았다고 한 것은 성탄절 전세대 연합예배를 말하는 것이었습니다.

'뭐더라'에 대한 윤호의 고민.
그리고 스스로에 대한 물음은 목사 호칭에 관한 것이었습니다.

초등학교 2학년, 새가족 윤호에게, 정선감리교회 담임목사는 '뭐더라'였습니다.

간첩(間諜)

"간첩으로 생각할까 봐 걱정 많이 했어요."

남편, 신정일 권사님의 발 수술 회복을 기다리시는 전단출 권사님.

하여, 요즘은 정선군 농어촌버스인 '와와시내버스'를 타십니다. 65세 이상 어르신에게 지급되는 무임승차카드인 '정선교통복지카드'를 쓰실 때 키오스크(kiosk)화 되어있는 단말기(端末機)를 이용해야 하는데, 웬만해서는 타보신 적이 없는 시내버스.

운전자 기능(일반인 탑승인지, 학생인지를 확인해 주고, 안내방송-손잡이와 노약자 탑승 시 좌석 양보, 버스 안 CCTV 등)은 차치하고 카드 단말기 터치와 하차 벨 누름.

모든 것이 당신에게는 어색하셨나 봅니다.
하여 생긴 염려. '간첩으로 여기는 것은 아닐까?'

정선 '와와시내버스' 타기가 나름으로 어려워 할머니 첩자와 남파 공작원으로, 할머니 스파이와 간첩으로 오인(誤認)될까 하는 염려였습니다.

내복 자존심

동지(冬至) 지나고 일 년 중 밤이 가장 긴 날인 만큼 전국에 강력한 한파. 냉동고 강추위가 이어지고 80cm 눈이 쌓였다는 제주, 진부는 영하 23도까지 내려간 날.

사북, 하늘문교회 채종봉 목사님을 만났습니다.
내복 입었냐는 저의 질문에 돌아온 대답.
"마지막 자존심입니다."

이렇게 추운 날 내복을 안 입었냐며 야단치며 가는 중, 스치는 걱정. '혹, 내복이 없어서일까?'
그러다가도, '채 목사의 건강 자존심 구기는 괜한 걱정이겠지!'

해발 1,268m. 여북, 바람이 불면 풍력발전기가 세워진 곳, 백두대간 사북의 두문동재.
하여, 백두대간 칼바람, 강력한 한파(寒波)도 돌파(突破)하는 채 목사의 마지막 자존심.
내복 안 입기.

내복 자존심이기를 참말로 기원합니다.

품값 대가리

함께 저녁 식사하는 자리, 장계훈 장로님 앉으신 옆 테이블에서 들려오는 장로님의 말씀.
"품값 안 나와서 안 먹어요."

메기 매운탕, 장로님께 권해드리는 메기 대가리 안 드시겠다는 것이었습니다.

품값을 찾을 수 없다는 메기 대가리.
하지만, 어두일미(魚頭一味)와 어두진미(魚頭珍味)는 수고의 가치가 확실하고 품삯이 기대되는 대가리가 있다는 것입니다.

하여, 대빵 대구 대가리로 하는 요리들이 있습니다.
'대구 왕뽈때기 찜', '대구 왕뽈때기 지리', '대구 왕뽈때기 튀김.'
대구 왕뽈대기의 재료는 순수하게 '대구 대가리'일 뿐입니다.

수고와 헛수고의 차이, 대가리의 크기였습니다.
메기 대가리와 대빵 대구 대가리.
여북하면 대가리 추가 메뉴도 있답니다.

풍년철학

정선오일장 남문 입구.

방송국 소품실 같다는 풍년쌀상회를 90 연세가 되도록 지켜오신 황정희 성도님.

이제 이금득, 도광순 장로님 가정에서 인수(引受)하셨습니다.

1대 창업주 황정희 성도님이 전수하시는 '풍년의 DNA.'

"진실과 열심, 그리고 첫째가 하나님이 되게 하라."

작년(2021, 6월)에 등록하신 성도의 '첫째가 하나님이 되게 하라'는 말씀이 마치 온전한 번제를 드리고 블레셋을 격퇴했던 '큰 우레'(삼상 7:10)와 다윗의 르바임 해방전쟁에서 들어야 했던 '뽕나무잎에서 들리는 군대의 발걸음 소리'처럼(삼하 5:24), 그리고 가말리엘의 사상과 소행이 하나님으로부터 났으면 무너뜨릴 수 없다는(행 5:39) 조언처럼 들렸습니다.

정선 곡식들이 놓인 소 여물통, 맷돌과 절구, 소쿠리와 대챙이(키) 위에도 그리고 섬돌에는 이금득 권사님의 타이어표 검정 고무신도 놓였습니다.

    이렇게 2기 빈티지(vintage)로 이어가는 풍년쌀상회.
    하나님이 첫째가 되어야 한다는 노포(老鋪)의 '풍년' 철학도 정선오일장 남문 풍년쌀상회에서 진행형입니다.

주스(juice)

박재성 부목사 가정의 둘째 아들 성하.
이제 조금씩 말을 배워가는 세 살배기입니다.

담임목사를 나타내는 성하의 표현은 '주스'라고 한답니다.

목양실에 항상 준비된 뽀로로 주스.

목양실에 급하게 오는 아이들을 붙잡아주려고 같이 온 청소년부 시은이가 목양실 문 앞에 서 있고, 아이들은 들어와서 냉장고 문을 열어, 본인들의 주스와 분명하지 못한 발음이지만 '아빠 꺼, 아빠 꺼'하며 양손에 쥔 것을 보며 "너희들 너무 자연스러운 거 아니냐?"

어색하지 않은 자연스러움.

하여, 정선교회 담임목사는 '주스'입니다.

전봇대와 복판 번호

모(某) 권사님이 잠깐 나오라고 하십니다.
만남의 장소는, "정선 경찰서 후문 전봇대로 오세요."
카페도, 식당도 아닌 전봇대.

박윤순 집사의 핸드폰 번호를 묻는 목사의 물음에 시어머니, 이영옥 권사님의 대답.
"복판 번호를 몰라서요, 복판 번호를 확인해서 알려 드릴게요."

정선교회 권사님들과의 통화.

복고(復古)의 오마주(hommage)가 필요 없으며, 메타버스(metaverse)에 헤리티지(heritage)를 살아내는 정선.

하여, 정선을 방문하시는 분 중에는 드라마 세트장 같다, 민속촌 같다 하는 분들이 계십니다.

전봇대와 복판 번호.

퐁당퐁당 교인

정선교회 전영숙 권사님,
새벽예배에 있어서 당신의 이름이 "퐁당퐁당 교인"이라 하십니다.

들쭉날쭉 교인, 들쑥날쑥 교인, 대중없는 교인이라 하지 않고, 당신의 이름을 '예쁘게' 지었습니다.

1인칭 주인공 시점. 빠짐의 미학 처리(?)

그래도 빠지고.
들쭉날쭉.
들쑥날쑥.

대중없는 새벽기도회 출석은 사실입니다.
'퐁당퐁당'처럼 말입니다.

모하비 목사

정선교회 시설 관리 담당하시는 김도근 권사님의 차량 출고, 기아자동차의 '모하비.'

차량 앞에서 기쁨을 감추지 못하시고 하시는 말씀.
"차가 주인을 닮지 않고 담임목사님을 닮아서 든든하고, 멋있고, 아름답습니다."

정선교회에서 또 하나의 닉네임이 추가됩니다. 관장님. 도사님. 사부님. 법사님. 기사님에 더해서 '모하비.'

모하비 사막에서의 질주본능(疾走本能). 험지주파(險地走破), off-roading 능력.
하여, 정선교회 담임목사 SUV(sport utility vehicle)의 '모하비.'

총각 담임 목회를 나갔던 홍천 문암교회 김채환 권사님 말씀이 떠오르네요.
"전도사님은 꼭 남들 두 배는 달려요."

1993년 김채환 권사님 말씀이, 오늘의 '모하비'라고 하신 말씀이셨네요!

태백 곤드레

정선 제일장로교회 모 권사님의 태백 곤드레 자랑.
"태백 곤드레가 끝내준다는데! 아주 유명하다는데!"

말씀을 듣는 저의 마음에 드는 생각은 '곤드레 하면 정선 아닌가? 정선이면 곤드렌데!!'

듣고 보니, 태백 오투리조트 '곤돌라'에 관한 이야기였습니다.
태백 오투리조트 곤돌라 투어가 '끝내주는' 것은 함백산 1,573m.
우리나라에서 여섯 번째로 높은 백두대간의 대표적인 고봉(高峰).
산 아래에 펼쳐지는 구름과 천상의 화원이라 불리는 야생화 군락지인 만항재.
석탄을 나르던 옛길, 구름이 양탄자처럼 펼쳐져 있는 옛길이라는 의미의 운탄고도가 있기 때문입니다.

태백 곤드레.
지피셜에 관한 일인칭 시점.
태백 '곤돌라'였습니다.

무료와 천원

정선읍 남면 광덕리, 차량으로 30분은 족히 가야 하는 곳에 사시는 전금택, 최순옥 권사님이 교회에 나오십니다.

무료 승차 '정선, 와와 시내버스'로 오셨다가 한 달에 일곱 번 제한이지만, 요금 천 원인 '강원 희망 택시'로 귀가하십니다.

하여, 교회 차량으로 모셔드리겠다는 것도 사양하십니다. 시내버스와 택시로 받는 혜택에 대해서 "시골 사람이라 그래요" 하십니다.

서울 여의도순복음교회에서 이사해서 신앙생활하시던 양영숙 집사가 입원하여 서울에 심방 갔던 일이 생각납니다.

예전교회 동료들에게 저를 소개해 주실 때, "우리 시골 교회 목사님이셔."

저는 그때까지만도 '그냥 목사'인줄 알았는데 '시골 목사'였습니다.

정선교회 최순옥 권사님의 말씀처럼 당신이 시골 사람이라면, 정선교회도 시골 교회.

목사도 시골 목사.
교인도 시골 교인.
시외 택시와 요금도 시골 택시와 시골 요금입니다.

무료와 천원, 시골 교회의 경쟁력입니다.

청국장과 장터 내음

 송으뜸 부목사 가정의 우엘이가 겨우 떼는 아장걸음으로 걸어가 TV를 손가락으로 넘기려 합니다.
 터치스크린으로 이해한 거죠?

 이제는 언나들이 디지털 원주민이 된 A세대.
 아날로그 중심, 디지털 이주민 세대인 X세대가 목회하는 인구소멸위험지역인 강원도 정선.

 하나, 아리랑 오일장 장터에는 전국에서 사람들이 찾아옵니다.
 장터 비전이 X세대, 아날로그 목회의 출구와 비전이 되어야 함을 알게 하는 장터 메시지입니다.

 하여, 메타버스(metaverse) 공간에는 장터가.
 플랫폼 기반은 청국장과 곤드레가 자리매김을.
 터치스크린 정보전달 시스템, 키오스크(kiosk)의 자리에는 마주 보는 얼굴로 하는 주문.

 아메리카노를 요청합니다.
 "들척지근하게 설탕물 넣은 꺼먼 커피요."

온라인의 자리에는 콧등치기국수와 메밀부침 식사를 위한 줄서기.

희소성과 지향해야 할 가치로서의 경쟁력.
청국장과 장터 내음 나는 헤리티지, 오마주(heritage, hommage).

정선감리교회가 우주적 교회로 상승하는 플랫폼(platform)이며 통로입니다.

왕자님 목사

유치부나 유년부 아이들은 담당 목사들이 맡아주셔서 담임목사가 만나는 일이 많이 없습니다.

하여, 처음 교회에 나온다거나 기존에 출석하는 아이들도 담임목사에 대한 호칭이 여럿입니다.
예복을 입은 목사를 만났을 때는 "하나님이다."
육군훈련소가 있는 연무중앙교회에서는 "원사님."
목사님께 인사드리라는 교사의 말에 "높으신 분인가?"

초등학교 4학년 아이가 교사에게 묻습니다.
"우리 교회 왕은 누구예요?"
아마 교회의 일짱(?)을 묻는 말 아닐까요?

그렇다면 적어도 담임목사에 대한 이해는 교회의 일짱인 짱 먹는 사람?
때로는 사범님, 사부님, 법사님, 관장님이라고도 합니다.

정선교회 부담임 고요한 목사 가정의 네 살배기 윤아.
담임목사를 만났을 때, "어~~, 왕자님!!"

네 살배기가 부르는 담임목사.
왕자님이었습니다.

옥수수 한 가마니

1971년도.
강원도 정선에서는 아침부터 죽 먹던 시절이었으며 열 가정이나 쌀밥 먹었을까(?) 하던 때였답니다.

정선교회 장계훈 장로님이 전국 역도대회에 출전하시고 돌아오시는 길.

서울에서 자장면 여덟 그릇을 잡수시고 식사비를 계산하려니 정선으로 돌아올 기차비도 없어지는 상황이 발생.
사정 얘기를 드렸더니 대뜸, 역도대회에서 몇 등 했냐고 물으시고, 금메달 딴 것을 보여드렸더니 그냥 가시라고 하셨답니다.
당시 서울, 자장면 여덟 그릇값이 정선에서는 옥수수 한 가마니 값이었다고 회상하십니다.

1971년, 아침부터 죽 먹던 시절.
옥수수 한 가마니 값만큼 드신 자장면.
금메달로 대신한 장계훈 장로님의 자장면 회상.

별 지랄을 다 했네

부여 신성교회 담임하는 이수현 전도사.

두 분이 출석하신 주일오전예배 설교는 이삭의 두 아들, 에서와 야곱에 관한 내용이었습니다. 야곱이 아버지의 복을 받기 위해 별미를 만들고, 형의 의복을 입고, 염소 새끼의 가죽으로 손과 목에 두르고, 떡을 가지고 나아가 아버지의 물음에 에서라고 대답하여 받아낸 축복 사건.

설교를 들으시던 이현순 권사님, "별 지랄을 다 했네"라고 하셨답니다. 예배 중에 아멘을 대신하여 하신 말씀이 아닐까요?

복 받기 위한 별 지랄.
지랄의 유의어는 정신병(精神病)입니다. 하여, 지랄병이라고도 합니다.
복 받기 위한 병적 증세를 긍정하신 표현이었겠죠?

저의 아들이 목회하는 부여 신성교회 90세 어른의 더하지도 빼지도 않은 표현.

별 지랄을 다 했네.

기도빨

최동근, 박순자 권사님의 코로나 확진.
하여, 전화로 드리는 기도.

목사가 기도를 마쳤을 때, 최동근 권사님의 응답.
또 다른 기도라고 해야 할까요(?)
"목사님 기도에 기도빨이 있기를 원합니다" 하십니다(기도빨: 열심히 기도하여 얻은 효험).

치료의 효험.
회복 효험의 간절함이 묻어 다가오는 반응이며 권사님의 또 다른 기도였습니다.

"목사님 기도에 기도빨이 있기를 원합니다."

명언이십니다

정선감리교회 예배를 통한 성경 통독.
2독째 지혜서와 예언서를 이어가고 있습니다.

예배를 마치고 교우들과 나누는 인사.
"명언이십니다" 하십니다.

제천 공전교회 목회 시절.
성탄절에 마을 이장님으로부터 "축, 발전"이라는 발전 헌금(?)을 받아본 적은 있습니다.

모세오경으로부터 시작된 율법서의 율법, 역사서가 배경이 되는 예언서, 지혜서의 잠언, 허무 극복의 대안이 되는 전도서의 조언, 6주간 이어졌던 이사야, 예언서를 나가던 때.

임대빈 권사님의 인사였습니다.
"명언이십니다."

율법, 잠언, 조언, 예언의 설교가 명언(名言).
임대빈 권사님의 과찬(過讚).

힘들고 어려운 설교

"목사님이 힘드시고 어려우시죠? 성경 여기저기에서 취합(聚合)해서 설교하시느라."

'취합'의 어학 사전 내용은 이렇습니다.
"취합하다[聚合--]: 모아서 하나로 합하다."

정선교회 김홍자 권사님.
목사의 설교, 설교를 통해서 힘들겠다는 이유를 취합하는 설교로 말씀하십니다.

성경의 이곳저곳을 모아 하나로 합하여서 하는 설교. 힘이 들겠다는 설교, 취합하는 설교이기에 그렇다는 것입니다.

취합하는 설교.

옥수수 총무

올해 여름에도 정선교회를 방문하시고 정선 옥수수가 맛있다고 삶아가신 여러 목사님 가정.
일부러 옥수수 때문에 방문하신 분들도 계셨습니다.

이른 새벽.
옥수수밭에 직접 가서 실어 오시고, 껍질을 벗겨내고, 교회 식당 가마솥에서 삶고, 뜨거운 김에 쉬지 않도록 김을 내보내고, 상자에 포장해야 합니다.

고마움을 표현하는 목사에게 시설 관리 권사님은
"총무는 백춘순 권사래요."

옥수수 삶아 보내주시는 일의 총무.

정선감리교회에만 있을 법한 지도자(leader)와 관리자(director)의 직책(職責).

옥수수 총무.

제3부
아꾸워요

운동으로 조진다

   손의곤 성도님의 혈당(血糖) 관리.
   매일 만 이천 보 걷기와 여주를 끓여 차로 드시는 것.

   당(糖) 조절을 위해서 조심하기는 장계훈 장로님도 같은 입장이기는 하시지만, 방법은 전혀 달랐습니다.
   종아리와 넓적다리에 근육을 키워 당(糖)을 가둬야 한다는 것.
   하여, 장로님의 혈당 관리 방법은 "당(糖)은 운동으로 조져야 합니다."

   장로님의 독특한 당(糖) 관리 비법.
   가둬야 하는 당(糖).

   운동으로 조질 수 있다는 전직 역도선수 출신 장로님의 운동 선수 방법.
   당(糖)도 조지겠다는 장계훈 장로님.

신고(申告)합니다

정관선 권사님의 둘째 손자가 태어난 날, 카톡 문자를 받았습니다.
"정선군민 한 사람 늘었어요. 영아반 새가족 등록 정시윤 신고(申告)합니다."

인구소멸위험지역인 정선에 둘째 손자가 태어난 기쁨의 겹경사.
정선군 군민 늘고, 정선교회 교인이 늘었습니다.

하여, 시윤이가 태어난 날.
출생신고도 하기 전에 배꼽 줄만 자른 사진으로 할아버지가 대신하여 비대면 교인 등록을 하였습니다.
할아버지가 핸드폰 사진으로 대신한 교인 등록.
그 사진을 새가족 사진으로 정선교회 홈피에 올려 권사님의 신고(申告)를 목사도 하나님께 신고(申告) 드리겠습니다.

정선교회 109년 역사에 가장 빠른 교인 등록, 정관선, 박성애 권사님 둘째 손자 정시윤.

열대야

8월 초. 강릉이 37도까지 올라가는 더위.
전국이 한증막이라는 뉴스 보도가 나옵니다.
밤의 최저 기온이 25℃ 이상인 밤을 열대야(熱帶夜, tropical night)라 합니다.

열대야(熱帶夜, tropical night)에는 열 대야(bucket, 양동이)의 찬물을 퍼부어야 하기에 열대야(熱帶夜, tropical night)라 이름했다는 이숙자 권사님.

문화전통시장이 있는 정선, 아직도 남아있는 찬물 퍼붓기, 등목.
엎드려 벋쳐 자세에 찬물 퍼붓기는 소리 지를 수밖에 없는 오싹함과 더위 날리기입니다.

정선 오일장(아리랑 시장)의 청국장과 메밀전병.
곤드레나물과 올챙이국수 등과 함께 간직한 정선다움의 피서(避暑) 방법.

열대야(tropical night)에 열 대야(bucket, 양동이)하는 강원도 정선.

미쳤다

정선교회를 방문하신 천세기 목사님과 인사를 나눈 부목사님들. 세 분의 부목사님들을 보시고 많이 놀라시며 "미치지 않고서야 정선에 부목사로 옵니까?"

신학교는 정원을 채우지 못하고 도시에서도 목회자 수급이 문제 되는 시대에 인구소멸위험지역인 강원도 정선에 어떻게 부목사로 왔냐는 것.

예수의 고난과 부활에 관한 바울의 변증에 베스도의 반응은 "네가 미쳤구나"(행 26:24)였습니다.
'정신이 돌았구나'(현대어성경).
'현실 세계로 돌아오시오'(메시지성경).

사례를 아주 많이 하든지, 담임목사에게 특별히 배울 것이 있든지, 두 가지 '미침'의 원인을 제시하는 천세기 목사님에게 '정선의 맑은 공기에 미친 것이 아닐까요?' 하였더니 한술 더 뜨시며 말씀하시네요.

"교회 공기는 담임목사에게서 나오는 겁니다."
정선교회 미친 부목사님들.
결국은 담임목사의 부득불(?) 자랑인가요?

정선이 서울 되는 날

정선, 와와 시내버스 30번, 덕송리와 송오리로 가는 노선. 하루에 세 번 운행하는 버스임에도 오후 2시쯤 덕송리 옛길에서 만난 버스에는 기사님 외에 아무도 없었습니다.

하지만, 8월 첫 주 장날에는 정선교회에서 북실리로 가는 다리만 건너는 데도 40분이 걸린답니다.
하여, 백춘순 권사님이 주시는 팁은 "목사님, 그때는 절대 밖에 나가지 마세요."

인구소멸위험지역.
하루 세 번 운행하는 노선임에도 승객이 없는 시내버스.
하지만, 정선에서도 밖에 나가면 안 되는 날도 있고 정선이 서울(?) 되는 때도 있습니다.

시편 87편의 라합과 바벨론, 블레셋과 두로와 구스. 이들이 시온산 성전을 향해서 하는 말은 "나는 시온산 출신이야, 나의 모든 근원이 시온에 있다."
포로된 곳에서 12월 13일 다 죽게 된 유다인들(에 3:13), 그들이 귀환해서 세울, 열방이 돌아오는 우주적

교회를 노래한 것입니다.

　인구소멸위험지역에서 꿈꾸게 하는 우주적 교회에 대한 스케치.

　정선 시내버스는 '정선으로 와요. 다 같이 와요'의 '와와' 시내버스입니다.

사람 사는 소리

정선 박가네식당에서도.
정선 '카페, 유' 사장님도.
"아이들 소리에 사람 사는 것 같다."

정선교회 부목사님들 가정의 예빛, 성하, 민하, 윤아.
네 명의 아이들이 식당과 카페에서 뛰고 떠들고 하는 소리.
국가가 염려하는 인구소멸위험지역인 정선에서는 너무나 귀한 소리라는 것입니다.

넷은 아주 큰 넷입니다.
정선초등학교 가수분교장에 아이들이 넷.
정선에서의 넷은 초등학교와 같은 크기의 넷입니다.

인구소멸위험지역에 사람 사는 소리.
아이들 소리.

퍼 돌리는 목사

정선에서 강릉까지는 거리도 멀고 해서 인공 눈물 열통을 받아왔습니다.

이제 사택에 오시는 분들이 계시면 인공 눈물이라도 나눠드려야겠다는 말에 간호사 출신 집사람의 야단(惹端).
"목사님, 약은 그렇게 퍼 돌리는 게 아닙니다."

교회에서 목사 얘기를 듣던 안매화 권사님은 맞장구를 치십니다.
"맞아요. 목사님 우리는 감기약도 나눠 먹어요."

정선 아리랑의 생활양식은 약도 나눠 먹는답니다.
감기약도 나눠 먹고, 인공눈물도 나눠 쓰고, 구약도, 신약도 나눠 먹고.
정선 아리랑 인심, 아리랑 생활 양식.

하여, 정선교회 목사는 퍼 돌리는 목사가 맞을 듯합니다.

퍼 돌리는 목사.

왕국회관 다니시나요?

정선 오일장.
장터 안에 있는 오남숙 권사님네 산골집 식당.

식당 벽에는 이스라엘 남, 북 왕조 39명의 왕을 외우기 위한 산토끼 노래 음표에 이름이 적힌 A4용지가 붙어 있습니다.

왕조의 이름들은 이렇게 적혀 있습니다.
남유다왕국, 르아비아사여여호람아하아요아웃요아히므아요여여여시.
북왕국이스라엘, 여로나바아사엘라시오아합아여예여요여스살므브베호국.

식사하시러 온 손님들이 이렇게 묻는다고 하십니다.
"왕국회관 다니시나요?"

이스라엘 남북왕조의 이름을 외우기 위한 권사님의 노력. 왕국회관 다니는 여호와의 증인으로 오해 받는 일이 되어 버렸습니다.

죽을 만큼 떨림

1부 예배 찬양대 남성 파트에 처음 서신 날.
"떨려서 죽는 줄 알았어요."
"심장이 다른 데 가 있는 줄 알았어요."
죽을 수도 있는 떨림이 엄습했고, 그 떨림으로 부른 찬양이라면.

호렙산, 불 붙은 떨기나무. 불꽃 안에서 나타나시는 하나님을 만나고, 불꽃 안에서 부르는 불꽃 음성을 듣는 두려움(출 3:2-4).
모세가 발을 옮겨놓거나 들어가기가 두려운 영광으로 충만한 봉헌된 성막(출 40:34-35).
모압 연합군의 침공에 거룩한 예복을 입고 적군의 칼날 앞에 찬양하기 위하여 선 상황(대하 20:21), 그 두려움이었을 것입니다.

거룩한 예복을 처음 입은 날. 죽을 수도 있을 만큼 다가온 떨림과 다른 곳에 가 있는 듯한 심장.

하여, 목숨의 찬양, 영혼의 찬양이라 해야 할 것입니다.
정선교회 배제상 성도의 고백.

뼈다귀 집

대들보와 서까래만 남아있으면 벽은 흙이거나 짚이거나 옥수숫대여서 기울어지거나 구멍 나도 복원하는 일에는 문제없다는 것입니다.

정선교회를 방문하신 남궁 성기 목사님과 장경남 목사님. '달보다가' 커피숍의 대들보와 서까래를 보시고 하신 말씀입니다.

뼈다귀 집은 살아있다, 복원할 수 있기 때문에.
뼈는 살아난다, 말씀을 듣기 때문에(겔 37:1-10).

살아있는 집은 대들보와 서까래가 남아있는 집.
군대가 되어 살아나는 뼈는 들을 수 있는 말씀이 남아있기 때문.

뼈다귀 집, 살아있는 집.

원등걸

정선교회 유정순 원로장로님이 물어보십니다.
"지금은 이왕균 장로님이 정선교회 원등걸이지요?"

원등걸은 줄기의 방언(方言)으로 사전적 의미는, "식물의 몸을 지탱하며 물과 양분의 통로가 되는 기관. 아래는 뿌리와 연결되어 있고 위로는 가지를 내어 잎과 꽃을 피운다."

주님의 몸인 교회를 지탱하며 통로가 되어 지난 108년 복음의 정체성과 연결되어, 오늘 잎과 꽃을 피우는 원등걸인 줄기.

"지금은 이왕균 장로님이 정선교회 원등걸이지요?"

잠언의 기념 이름과 썩는 이름(잠 10:7).
썩는 이름의 현대어성경 번역은 "죽일 놈."

하나, 기념 이름의 번역은 "칭송."
원등걸로서의 이름, 칭송 받는 기념 이름입니다.

정상과 대안

백춘순 권사님.
"우리 교회 목사님 설교 듣고는 머리 아픈 게 정상."

정상의 사전적 의미는 '특별한 변동이나 탈이 없이 제대로인 상태.'
제대로이고 탈이 없는 상태가 머리 아픔.

이행대 권사님과 대화 중 '목사의 설교에 머리가 많이 아프지 않으세요?'라는 물음에 "매일 들으면 괜찮아요" 하십니다.

정상(正常), 머리 아픔.
대안(代案), 매일 들음.

정선교회 담임목사 설교의 정상과 대안.

닭 다리가 생명

닭 다리를 안 먹는다는 백춘순 권사에게 "치킨은 다리가 생명"이라 하시는 이숙자 권사.

레위기의 정결법 중 "뛰는 다리가 있어서 땅에서 뛰는 것"은 정결하다는 것입니다(레 11:21).
뛰는 다리의 정결함은 부정한 파괴력, 나병 발생 시 사람은 격리되고, 의복은 불태워지고(레 13:46-55), 집은 허물어지고(레 14:45), 질그릇과 종자에 '뛰지 못하고' 기는 것의 주검에 접촉한 부정의 침투는 깨어지게 하고 생명 효력을 상실(레 11:35-37).

하여, '춘천닭갈비집' 유경자 집사님이 삼계탕에 다리 떨어진 것 받은 분.
'상이군인 손들어 보세요' 하셨습니다.

뛰는 다리가 정결하다는 것은 부정한 파괴력을 이기는 것이기에 거룩한 능력이라 할 수 있겠고, '다리가 생명'이라는 말이 맞습니다.

이숙자 권사님의 어록(語錄).
"치킨은 다리가 생명."

가슴에 치명상

"가슴에 치명상, 헤어 나올 수 없는 치명적인 말씀으로 은혜 주시는 목사님."

어버이주일, 정선교회 총 여선교회가 만들어서 커팅한 수제 케이크의 내용.

예배를 통한 성경 통독으로 이어가는 잠언.
잠언(箴言), 바늘 잠.
하여, '바늘'과 '꽂다'의 의미가 있는 말씀.
바늘로 찌르는 말씀이기에 입은 '치명상.'

이제, 이어 나갈 말씀은 바늘에서 불(렘 24:29)의 치명상.
방망이(렘 24:29)의 치명상.
맷돌질(전 12:3)의 치명상.
철장 권세(계 12:5, 19:15)의 치명상으로.

치명상(致命傷).
회복하기 어려울 정도의 큰 손해나 타격을 비유적으로 이르는 말.

'지나간 때'에 대해서는 회복 불능.
'지나간 때'에 대해서는 큰 손해와 타격 당함.

"너희가 음란과 정욕과 술취함과 방탕과 무법한 우상숭배를 하여 이방인의 뜻을 따라 행한 것은 지나간 때로 족하도다"(벧전 4:3).

바늘을 넘어 불과 방망이.
맷돌질과 철장 권세의 진행형으로 이어질 회복 불능의 치명적 타격.

치명상.

참새 방앗간

겨우내 쌀을 먹이로 주었더니 사택 마당에 몰려드는 참새.

도광순 장로님도 어린이집 아이들을 데려와 참새 구경시켜야겠다고 말씀하실 정도입니다.

최서연 청년이 묻습니다.
"목사님, 참새 키우세요?"
애완 앵무새가 잘 먹지 않는다며 사료를 들고 올 정도로 소문났네요.

원주로 이사하신 남선자 권사님.
유튜브 새벽예배에 '정선교회'로 들어오신다며 "매일 목사님 얼굴 보고 아직도 목사님 말씀 먹고 살아요."
참새처럼 양식 찾아 모교회(母敎會) 새벽예배로 들어오시는 남선자 권사님.

참새의 겨울나기, 사활(死活)이 걸린 절대적 생존 방법 모색(摸索).

하여, 방앗간 찾기, 찾아야만 하는 방앗간.
절대적 생존의 장소, 절대적 생존의 양식.

참새에게는 쌀을 먹이로 주는 목사의 사택 마당이지만, 남선자 권사님에게는 모교회 성전의 강단입니다.

유튜브 참새(?), 남선자 권사님의 원주에서 방앗간을 향한 새벽 날갯짓.

지면(紙面)을 통해 서연이의 물음에 답하고자 합니다.
참새 키웁니다.

나에겐 빚이 있다, 나가라 일터로

정의동, 문나미 집사 가정 춘계대심방.
집을 대표하는 대문에 기도하고 들어갑니다.

안쪽 대문, 눈에 들어오는 가정 표어(?)
"나에겐 빚이 있다, 나가라 일터로."

그리고 한쪽 라인을 차지하고 있는 2022년 내게 주신 하나님의 말씀, 네 식구라 넉 장이 세로로 붙어 있습니다.

아마도 가장 위에 있는 말씀이 빚 때문에 일터로 나가야 할 정의동 집사님이 뽑으신 올해의 말씀 카드겠지요?

"네가 반드시 복을 받으리니 너희 중에 가난한 자가 없으리라"(신 15:4-5).

가정 표어와 가정의 호주에게 주신 말씀이 오버랩되어 재해석 됩니다. "너희 중에 가난한 자가 없으리라", '너희 중에 빚진 자가 없으리라'로 말입니다.

하여, 빚(꾸어 쓴 것으로 남에게 갚아야 할 돈)이 복(꾸어 줄지라도 너는 꾸지 아니할 것이요, 신 28:12)으로, 채무(債務)는 채권(債權)으로 바뀌어 "나에겐 빚이 있다, 나가라 일터로"의 가정 표어가 '너희 중에 빚진 자가 없으리라'로 승화되는 내년 심방, 대문 안 표어 되시기를 기대합니다.

기이하다

정선교회, 실버속회(屬會) 최선옥 권사님.
구십 연세를 바라보심에도 강녕하시며 새벽기도회에도 빠짐없이 나오십니다.

또박또박 적으신 글과 함께 구정 선물을 건네주셨습니다.
"날마다 영의 양식을 공급해 주시는 목사님의 그 기이한 영적인 지식을 참으로 놀랍게 감사들입니다."

'기이한 지식.'

'기이하다'는 '보통과는 다르게 유별나고 이상하다', 유의어인 '이상하다'는 '정상적인 것과 달라 별나거나 색다르다.' 비표준어는 '요상하다'입니다.

하여, 정상적이지 아니한 요상한 설교나 이상한 설교. 기괴한 설교, 해괴한 설교?

해괴와 기괴, 기이하다가 공통분모인 영어 단어는 'strange'입니다.
그런데 'strange'는 이상함과 괴상함의 뜻도 있지만

'놀라운'이라는 의미도 있습니다.

궁금해집니다.
'기이하다'는 목사의 영적 지식이 해괴와 기괴한 설교로 나타난다는 의미인지, 놀라운 설교로 나타난다는 의미일지 말입니다.

타이어 교체

무릎 인공관절 수술을 하시고 오신 이숙자 권사님께서 목사에게 보낸 카카오톡 문자.

"타이어를 갈아 끼우고 달리려 하니 너무 많이 아픕니다."

하여, 답을 드렸습니다.
나의 달려갈 길(딤후 4:7) 잘 달리도록.
법대로 경기(딤후 2:5) 잘 경기하도록.
광야 행진(민 4:5 | 10:13) 벧엘처럼 돌파하시기를.
홍해 도하(출 14:21) 마른 땅처럼 건너가시기를.
마른 뼈(겔 37:7) 군대처럼 일어나시기를.

교체한 타이어를 통하여서 말입니다.

이숙자 권사님의 인공관절 수술.
타이어 교체였습니다.

종합 참고서

목사에게 보내신 이상열 권사님의 카카오톡 메시지.

"우리 초등학교 다닐 때 종합참고서가 있었어요. 오늘 새벽 목사님의 잠언 설교가 종합참고서 같았어요."

모든 과목에 걸친 학습참고서인 일명 '전과'(全科), 원어는 전과목(全科目)입니다.

예배를 통한 성경 통독으로 읽어 나가는 잠언(箴言).
권사님에게는 잠언의 단편 경구 한 절 한 절이 마치 전과를 통해 시험공부를 마치고, 다가올 시험에 기대가 부풀었던 마음과 같다는 것입니다.

66권의 성경을 통해 이해하는 잠언의 단편 경구.
목사의 잠언 설교에 대한 이상열 권사님의 이해.

'종합 참고서.'

개살에 말살, 말살에 개살

연무중앙교회 강일구 장로님.
아들 준모에게 목사의 설교를 설명해 주셨습니다.
"목사님 설교가 개(犬)살에 말(馬)살 붙이고, 말(馬)살에 개(犬)살 붙이시더냐"(『하나님 위에 국냄비』 78. "안다리후리기" 중에서).

하여, 장로님께서도 이어가는 성경 통독 새벽기도회에 참석하시며 "새벽기도가 어떻게 생겼는지 모를 때에 비하면 성경에 대하여 천지개벽(天地開闢)이 된 것과 같다" 하셨습니다(『하나님 위에 국냄비』 83. "천지개벽" 중에서).

정선교회 최윤자 권사님.
"이제는 우리가 많이 똑똑해진 것 같아요" 하십니다.

성경, 하나님 말씀에 대한.
전지적 강일구 장로 시점, 하늘과 땅이 처음으로 열렸다는 "천지개벽."
전지적 최윤자 권사 시점, 맹인(벧후 1:9) 탈출의 지식(벧후 1:5)에 있어서 "똑똑해짐."

아꾸워요

109년 정선감리교회와 함께한 믿음의 세월.

이제 구십 연세에 가까우신 유정순 원로장로님.
"새복(?)마다 기도해요. 코로나가 정선에 들어오지 못하도록. 목사님 생명의 말씀이 살아 역사하도록."

그리고 묻습니다.
"어떻게 66권이 살아 움직일 수 있게 하느냐? 목사님 설교를 듣다 보면 숨어있던 말씀들이 티~나와요(튀어 나와요!)."

티~나온다는 말씀을 코로나 때문에 듣지 못해 "그기, 아꾸워요."(그것이 아까워요.)

티~나오는 말씀.
듣지 못해 아꾸운 말씀.

유명한 교회

정선 오일장 감자바우 식당 앞에서 만난 힐스템 의료기 여사장님.

백춘순 권사의 교회 출석 권면에 어느 교회냐며 묻습니다.
정선 감리교회 목사라는 자기 소개에 "아, 오래전부터 유명한 교회."

이제 109년 역사의 정선교회.
하여, 정선지역에서는 '감리교회'라고 불립니다.

정선 감리교회의 대명사(代名詞) '감리교회'
감리교회, 정선교회.

오래전부터 유명한 교회.

앵무새와 달인

"목사님은 앵무새입니다."
이상열 권사님이 보실 때 목사가 앵무새인 까닭.
신약과 구약을 짚어서 연결해가며 그대로 하는 것.

그리고 선교회 모임일 때인가?
최택규 장로님이 목사를 소개하셨다는 내용.
"우리 목사님은 성경에 달인."
하여, 앵무새와 달인이라는 것.

달인(達人).
꽈배기, 떡볶이, 김밥, 제기차기, 호떡, 찐빵 달인 등.
수많은 달인을 들었는데 '성경 말씀 달인'은 너무 생소한 이야기입니다.

아마도 최택규 장로님의 바람, 목사님이 성경을 잘 아는 달인 정도 되었으면 좋겠다는 것을 '달인'으로 잘못 들으신 것 같습니다.

따라하는 앵무새와 그렇게 되었으면 하는 바람인 달인.
목사, 앵무새처럼 달인.

왕 사모

이주희 청년의 담임목사 사모에 대한 호칭(呼稱).
"왕 사모님."

부담임 목사 세 분의 사모님들이 있었으니, 왕 사모님은 어쩌면 왕언니?
마치 조직의 언니 같은 분위기.

조직!

"우리의 싸움은 혈과 육을 상대하는 것이 아니요. 통치자들과 권세들과 이 어둠의 세상 주관자들과 하늘에 있는 악의 영들을 상대함이라"(엡 6:12).
"믿음의 선한 싸움을 싸우라 영생을 취하라 이를 위하여 네가 부르심을 받았고"(딤전 6:12).
싸워야 하는 조직의 싸움을 위하여 부르심을 받았고 악의 영들을 상대해야 하는 싸움이기에 '왕 싸모'가 맞는 듯합니다.

담임목사 사모.
싸움 조직의 왕언니.
하여, 왕 싸모.

참새 이사하다

참새 소리 녹음 파일을 보내오신 이금득 권사님.
권사님 댁 마당에 거주(居住)했던 확실한 증거.
이제는 참새를 찾아볼 수 없게, 참새 소리를 들을 수 없게 되었답니다.

목사 사택, 주목 나무에 찾아오는 참새들이 엄동설한(嚴冬雪寒)에 얼어 죽을까, 먹이라도 먹으면 좀 괜찮을까.
하여, 나무 밑에 쌀을 조금씩 주었습니다.

갑자기 찾아오는 새들 숫자가 많이 불어났습니다.

참새 거주 증거 파일을 보내오신 권사님과 도광순 장로님이 고민 끝에 내린 결론.
"새들, 목사님 댁으로 집단 이주."

참새, 집단 이주의 이유.
'곳간이 열린 곳으로'였습니다.

이제 새 소리를 다시 듣기 위해 곳간(庫間)을 풀겠다는 권사님.

나중 열리는 곳간에 참새 마음도 열렸으면 하는 목사의 마음입니다.

참새와 곳간 그리고 참새 마음.

감자와 옥수수

2022년 2월 17일.
코로나 19 신규 확진자 수가 십만 명을 넘었습니다.

정선군은 17명.

상대적으로 숫자가 미미한 이유에 있어서 백춘순 권사의 생각.
"강원도 정선의 감자와 옥수수 힘이죠!"

신규 확진자 십만 명을 이기는 힘.
바이러스 전염병을 이기는 면역력은 백신도 아니고 판콜 에이도 아니고 콜대원도 아니었습니다.

정선의 감자와 옥수수.
그것을 많이 먹은 정선 사람들.

감자의 힘.
옥수수의 힘이라는 것입니다.

전도 전략

"전도사님, 마을회관에 가서 고스톱 쳐요. 시골 교회는 그래야 전도가 돼요."
이수현 전도사를 잘 아는 식당 주인 할머니의 조언.

정선교회 도광순 장로님은 막걸리 두 상자를 사서 보내셨습니다.
아마도 마을 이장님을 통해 주민들에게 나눠지는 막걸리가 새로 부임하는 전도사의 목회에 도움이 될 것이라 생각하신 것이겠죠?

할머니 교인 두 분인 부여 신성교회의 부흥을 염원하시며 도움이 되었으면 하는 바람의 전도 전략.
마을회관에 가서 판 벌이라는 고스톱.
이장님을 통해 나눠지는 막걸리.

고스톱 전도와 막걸리 전도.

금값 시대

예배부장 유영호 장로님이 금경임 권사님을 소개해 주십니다.

"우리 교회에서 젤 비싼 권사님입니다."

성씨(姓氏)가 '금' 씨 성이라는 것입니다.

비싼 권사님.

요즘에는 교육전도사 청빙(請聘)하는 일도 매우 어려워서 전도사를 '금도사'라 한답니다.

청빙 자체가 어려운 비싼 값?

하여, 생각해 봅니다.

교인이 급감하는 시대에 교인은 금 교인?

교회가 감소(減少)하는 시대의 교회는 금 교회?

전도사 청빙이 어려운 시대에 전도사는 금 도사?

엘리의 아들들은 불량자(不良者)라 (삼상 2:12. 개역).

불량한 제사장 시대에는 금 목사?

신앙생활의 금값 시대 도래?

좋은 교회(Ⅱ)

정선 '카페, 유' 사장님.
정선 감리교회가 좋은 교회인 이유를 말씀하십니다.
부담임 목사 가정이 세 가정이라는 사실.

하여, 목회자가 많은 교회가 좋은 교회.

최미정 권사님의 남편 김광업 성도님이 교회에 등록하시고 정선감리교회가 좋은 교회라고 말씀하십니다.
'카페, 유' 사장님과는 다른 이유였습니다.
"대부분 아는 사람들이네요."

지인(知人)이 많은 교회였습니다.
좋은 교회.

18. 세례 예식

노인 공동 요양시설에 있는 교회.

담임전도사님이 교우들의 세례 예식을 위하여 요양시설 원장 목사님을 초청해서 예식을 거행하게 되셨습니다.

세례수(洗禮水)를 들고 예식 집례를 보좌하면서 셔츠가 땀에 흠뻑 젖었답니다.
마치 전도사님이 침례(浸禮)를 받으신 것처럼 말입니다.

세례 받으시는 분들 중에 "아이, 차가워 18"이라 하시는 분. "나는 불교예요, 나는 불교예요" 하며 소리치는 분.

그날, 세례 예식은 18, 세례.
담임전도사가 식은땀에 흠뻑 젖은 세례 예식.

교회 광고

제천 공전교회 목회.
몇 가정 안 되는 교인들.

하여, 교회주보 소식란에도 교우 가정에 강아지 몇 마리 낳았는지.
밭에 고추 대궁 크기가 너무 커서 당신들의 말씀처럼 "고추가 지랄 났어요."
고추, 지랄난 밭 소식.
교회 화장실 공사.
비데 설치를 베개 갖다 놓는 일로 오해하셔서 해명해야 하는 광고.
공전교회 주보를 통한 교회 소식(消息)들.

아들, 이수현 전도사의 부여 신성교회 교회 소식.
전도사 장가(丈家)를 위한 기도 요청이 교회 소식.
평균 82세 할머니 권사님들 두 분이 전 교인인 교회.

이것도 부전자전(父傳子傳)이라 해야 하나요?
담임전도사 장가 요청 교회 소식.

결혼 실패

여선교회 회원들의 바자회.

반찬 만드시는 솜씨를 보고 "아무래도 저는 결혼에 실패한 것 같아요, 아내가 반찬을 못 하잖아요."

목사의 결혼 실패라는 이야기에 들고 일어나는(?) 여선교회 회원들.
강귀녀 권사님은 목사님께 '데모'해야겠다 하시고 다른 분들도 목사의 생각에 반대라는 것.

오히려 사모님이 결혼에 실패했다는 것입니다.
그 이유는 "목사님이 생활비를 막 써서"였습니다.

그날, 목사는 추운 날씨에 일하시는 여선교회 회원들에게 커피 열다섯 잔을 사고, 여자는 여자 편임을 실감했고 '데모' 당할 뻔했습니다.

결혼 실패의 이유.
반찬 못하는 문제와 생활비를 막 쓰는 문제.

목사의 패배죠?

조지 부시

교회 주보(週報)의 정선 이야기.
"개 웃음 하나님 웃음"에 관한 장계훈 장로님의 글을 읽으신 권사님들의 물음.
"장로님, 예전에 깡패였어요?"

장로님 말씀처럼, 20대 청년 시절, 역도 운동을 하실 때. "먹살 잡고, 뚜드려패고, 둘러 엎었죠."

남유다 16대 왕 요시야, 종교개혁을 위한 우상 타파. "불사르고, 폐하고, 헐고, 찍고, 깨뜨리고, 빻아 가루로 만들고"(왕하 23:4-20).

그레데 교회의 장로 역할이 속이는 자, 헛된 말을 하는 자의 입을 막아 무너진 교회의 질서와 성도의 가정을 바로 세우는 일이라면, 비느하스가 손에 창을 들고 시므리와 고스비를 찌른 사건이 음란으로 인한 전염병을 막고 광야 교회 공동체를 바로 세우는 일이었다면 그것 역시 개혁을 위한 역할이겠죠?

남 유다의 개혁을 위한 요시야 왕.
그레데 교회의 개혁을 위한 장로의 역할.

광야교회의 음란과 전염병으로부터의 개혁을 위한 비느하스의 역할.

입을 막고, 찍고, 깨뜨리고, 불사르고, 폐하고 …

'조지 부시' 대통령, 그 이름이 오버랩(overlap)됩니다.

너무 심한 비약(飛躍)일까요?

빈손

정선교회 새가족 안미숙 성도님.

당신이 교회 오시는 길에 돈을 건네며 남편께서 하셨다는 말씀.
"교회는 빈손으로 가면 안 돼."

연무중앙교회 새가족 김정자 성도의 남편의 하신 말씀이 생각나네요.
국 냄비를 성경 위에 올려놓아 냄비 받침이 된 성경을 보시고 교회 출석은 안 하시는 남편의 야단(惹端).
"하나님 위에 국 냄비를 올려놓으면 어떡해."

불신(?) 남편의 믿음!

교회 밖, 좋은 믿음의 성도가 더 많을 듯합니다.

법과대학

잘 보신 것 같습니다.

이계선 집사의 성경을 보신 남편의 말씀.
"공부를 이렇게 하였으면 법과대학도 갔겠네."

이계선 집사의 성경.
줄을 그어 연결하고, 형광색을 칠합니다.
동그라미를 하여 keyword를 정리.
파란색과 빨간색으로 구분하고 삽입구를 표시하고, 사건과 영적 의미를 구분하며, 구조적 대칭과 상하, 역사와 미래를 확인하여 기록된 양식을 파악, 단어의 뜻과 영적 의미를 기록합니다.

성경은 하나님의 법.
하나님의 법인 말씀에 대한 열심.

하여, 그 말씀이 맞는 듯합니다.

정선감리교회 법과대학.

뱀장어와 송어

정선군 북면 구절3리(중동마을) 이장님 말씀 중 주방 싱크대로 뱀장어가 올라왔다는, 듣는 귀를 의심하게 한 사건.

정선교회 요한선교회 회원들이 사실 확인을 해 주셨습니다.
"태풍 매미 때는 얼마든지 그럴 수가 있었습니다."

그뿐만 아니라 태풍 루사 때의 사건.
송어장에 물이 넘쳐, 정선공설운동장에 송어로 꽉 차게 메운 때도 있었다는 것입니다.

역도선수 생활을 하셨던 장계훈 장로님의 역도적(?) 표현.
"그때는 공설운동장의 송어를 몽둥이로 때려잡았습니다."

요한선교회 회원들을 통해 확인된 사실.
태풍 매미 때에 주방 싱크대로 올라온 뱀장어.
태풍 루사 때에 공설 운동장에서 몽둥이로 때려잡은 송어.

제4부
막걸리 전도

식탁에 뱀

잘 담근 겨울 김장.
배차(추) 김장, 김치를 주셨기에 사진을 찍어 보내드렸습니다.
잘 받았고 잘 먹겠다는 보고(報告).

카톡에서 사진을 보신 이숙자 권사님이 보내신 문자.
"풀밖에 없네요, 식탁에 뱀 조심 하세요."

마침 사택 저녁 식탁에는 교회에서 주신 고들빼기 김치, 총각무 김치, 무채 무침. 그리고 배추 김치였습니다.

이숙자 권사님이 말씀하시는 주의 사항.
풀 식탁에 뱀 조심!

뱀장어

'어떻게 이런 일이 있을 수 있을까?'

정선군 북면 구절3리 중동마을에서 오시는 김충호, 차을순 성도. 이웃집 주방 싱크대 마개를 들썩들썩하며 올라온 것은 다름 아닌 뱀장어라는 것입니다.

정선, 중동마을은 몇 가구 살지 않는 고즈넉한 마을. 인도(人道)와 찻길이 더는 연결되지 않은 곳이며 환경부가 지정한 자연생태우수마을이었습니다.

정선은 뱀장어만 주방 싱크대로 직행(直行)하는 것이 아니라 별이 만져질 만한 곳에 있다 하여 평창에서 정선의 관문을 성마령(星摩嶺)이라 합니다.

하여, 생겨난 버릇.
사택 주방 싱크대를 유심히 바라보게 된 것.

자연생태우수마을인 정선의 뱀장어는 주방 싱크대로도 올라올 수 있습니다.

목회 아버지, 목회 어머니

최동근 권사님 가정에는 천안 새생명교회 목회하시는 최기헌 목사님이 계십니다.

하여, 권사님은 목회하시는 자녀분이 계신다는 뜻의 말씀으로 목회 아버지, 목회 어머니라고 하셨습니다.

그리고 목회 아버지, 목회 어머니로서 반드시 지켜내야 하는 것이 '주일성수'(主日聖守)라는 것입니다.
"목회 아버지와 목회 어머니로서 주일성수는 꼭 해야 합니다."

주일성수(主日聖守).
목회 아버지와 목회 어머니의 책임.

보고 싶은 목사

"목사님 보고 싶어 왔어요. 그렇지 않으면 올 수가 없었어요."

지난번에는 십일조 때문에, 십일조를 드려야 하기 때문이라던 유정순 원로 장로님.

구십 연세를 바라보시는 장로님.
장로님의 말씀대로라면 힘겨워 올 수 없었던 발걸음.

그 발걸음을 교회로 옮길 수 있었던 힘.
십일조 때문에.
목사 때문에.

드리고 싶은 십일조.
보고 싶은 목사.
지금까지 밝히신, 교회에 사력을 다해 오시는 목적 두 가지.

권사 신앙생활 – 남편 시점

"그렇게 다니면 안 돼."

전영숙 권사의 남편 되시는 권오현 님.
당신께서 생각하시는 권사의 신앙생활은 새벽기도회를 나가야 한다는 것입니다.
하여, 권사님을 새벽에 깨워주신답니다.

교회에 안 나오시는 불신 남편이 아닙니다.
교회 밖에 계시는 성도이시고 동역자이십니다.
정선교회 108년 역사를 이어가게 하시는 힘이십니다.

오늘도 그렇게 정선교회의 역사는 이어갑니다.
전영숙 권사님을 향한 남편의 일침(一針).
권사 신앙생활의 남편 시점(視點).

"그렇게 다니면 안 돼."

십일조 때문에

구십 연세를 바라보시는 정선교회 유정순 원로장로님.

"십일조 때문에.
십일조는 하나님 앞에 드려야 하잖아요.
방에서 테레비로 예배 드려도 되는데 십일조 드리려고 나왔어요."

108년 전 별을 만진다는 성마령(星摩嶺) 고개.
노블 선교사와 동행했던 윤석렬 목사의 전기(傳記)에 따르면 범덫이 여기저기 있었다는 성마령 고개.

그 선교사님의 발걸음같이 사력(死力)을 다한 걸음을 옮겨 교회에 오십니다.
목사의 설교가 시원찮아도, 귀가 어둡고 눈이 어두워 잘 못 들으시고 못 보시더라도.
십일조 때문에.

하여(何如), 정선감리교회의 역사는 지금도 진행형입니다.

쪽팔려서

아픈 허리와 다리 때문에 앉기도 서기도 불편해 하시는 윤영일 권사님.

속장님과 인도자가 승용차로 모시고 예배에 오셨습니다.

기도 받고 돌아가시는 길.
짧은 걸음 나비로 조심조심하시는 권사님께 지팡이도, 할머니 구루마(보행 보조용 의자차)도 안 하셨냐는 목사의 질문에 "너무 쪽팔려서요."

하나님을 의지하시는 권사님 자존심의 쪽팔림!

쪽팔림의 절대 대안(代案) 되시는 '지존자의 오른손의 해'(시 77:10)가 '바알브라심'(삼하 5:20)의 '돌파'(突破, surpass)요, 지팡이 쪽팔리심의 절대 대안, 그 자존심이시기를 간절히 기원합니다.

대심방 준비

백춘순 권사의 가을 대심방 준비.
3년 만에 대청소를 하였다고 하십니다.

제천 봉양교회 대심방을 회상하게 합니다.
겨우내 보일러에 기름 한 드럼으로 살아내셨던 김재옥 권사.
심방을 간 목사에게 "아주, 뒈지게 추울 때하고 목사님 심방 올 때만 불 때요."

교우들의 심방 준비.
3년 만에 하셨다는 대청소.
뒈지게 추울 때만 땐다는 보일러.

전달사

후배 최양섭 목사의 장모님 칠순 잔치, 고희연(古稀宴). 최양섭 목사는 양양 현남제일교회 담임전도사로 있을 때였습니다.

고희연 사회를 보던 사회자가 가족을 소개하는 순서.
최양섭 전도사를 소개할 때.
전달사, 사위 최양섭으로 소개하였다는 것입니다.

당시 온 가족이 빵 터진 웃음.

전도사(傳道師)와 전달사(傳達師).

방송(放送)

설교 이후 성도의 교제와 교회 소식을 알리는 광고 시간(廣告時間).

정선교회 어르신들의 교회 광고 이해.
"목사의 방송"으로 이해하셨고, 목사의 방송을 통해 알게 되었다고 말씀하십니다.

마치 마을 이장님의 마을 방송 "알콰드래요"를 떠오르게 하는 정선교회 어르신 교우들의 '정선다움'의 이해.

목사의 교회 광고(廣告).
목사의 교회 방송(放送).

단골손님

정선 5일장 남문 입구.
최윤자 권사의 모친 황정희 성도의 가게, '풍년쌀상회.'
최윤자 권사 편에 햅쌀 2kg을 보내주셨습니다.

이유.
"목사님은 강냉이 사러 오시는 단골손님이라."

강냉이만 사도 단골손님으로 인정해 주시는 정선다움의 경영 리더십.

가고 싶은 마음.
가면 좋을 것 같은 마음.
가야만 인정받음의 효력을 연장할 것 같은 마음을 들게 합니다.

황정희 성도의 임명(任命).
목사! 당신을 정선, 풍년쌀상회 강냉이 단골손님으로 임명합니다.

소문

"소문 듣고 벼르고 왔어요."
'일부러' (우정) 확인차 오셨다는 신동교회 김진구 목사님.

내용인즉, 정선교회 목사는 식당에서 교우들이나 교우들과 함께한 지인들을 만나도 밥값을 계산해 주신다는 소문 확인이었습니다.

하여(何如), 소고기를 대접해 드렸습니다.

이제 소문에 대한 소망이 달라지네요.
밥값 계산하고, 밥 잘 사다가 정작, 베들레헴(떡집)에 떡 흉년(룻 1:1)들까 하는 염려.
베들레헴(떡집)에 생명의 떡(요6:35)으로 오신 주님이시기에 생명의 떡(밥) 맛을 잘 내는 목사.
생명의 떡(밥)을 잘 짓는 목사이기를.

밥 사는 목사.
밥맛 내는 목사.

전국호구(全國虎口)

반찬으로 지역을 섬기는 정선교회 희망나눔선교회. 나눔을 마치고 함께한 자리에서 목사에게 묻습니다. "가을에는 손님들이 또 얼마나 오세요, 우리 목사님이 호구인가!"

사사 시대에 하나님께서 산골 사람을 찾으실 필요가 있으셔서 에브라임 산속 라마다임소빔을 주목하셨습니다(삼상 1:1).

소견의 세상 지혜가 가져온 암흑기보다는 산골 사람, 어리숙한 호구가 필요하셨다는 하나님 생각이셨을까?

아리랑 마을의 아리랑 목회?
디지털(digital)과 셈(count)보다는 아날로그(analogue)와 덤(an addition).

산골의 어리숙한 호구 목회.
희소성의 희소가치(稀少價値)라면 전국호구가 더욱 지향되어야 할 목회 방향!

호구.

'어수룩하여 이용하기 좋은 사람을 비유적으로 이르는 말.'

어수룩하여 하나님과 사람이 전국적으로 쓰시기에 편한 사람.

전국호구(全國虎口).

only 미정

최미정 권사의 부군(夫君) 되시는 김광업 성도.
등록(登錄), 새가족이 되셨습니다.

목양실에서 함께 나누는 대화에서 김광업 성도의 결단?
"이젠 뭐 … 미정이 봐서 열심히 해야죠. 미정이가 하라는 대로 해야죠."

내외분이 동창(同窓)이지만, 신앙은 부인을 선배님으로 인정하시겠다는 고백.

김광업 성도의 부인(夫人) 사랑.
only 미정.

상이군인(傷痍軍人)

"상이군인 손 들어보세요."

정선, 춘천 닭갈비 식당 유경자 집사님이 손 들라는 상이군인.

닭 다리 떨어진 삼계탕(蔘鷄湯).
그 삼계탕 그릇이 누구에게 갔는지 손 들라는 것입니다.

삼계탕 상이군인.
닭 다리 한쪽 떨어진 삼계닭.

바다리(왕말벌) 뒷다리 소고(小考)

"바다리(왕말벌) 뒷발이 건들기만 하고 갔는데도 정신이 없었어요."

왕말벌 침에 쏘인 것도 아니고 그야말로 왕말벌의 뒷발차기에도 정신이 없었다는 장계훈 장로님.

요단강 동편 지역 헤스본 왕 시혼과 바산 왕 옥에 관한 소문을 듣고 정신을 잃은 기생 라합을 생각나게 하는 장로님의 리뷰(review).

정신 잃기는 마찬가지.
하나님께서 하신 일에 대한 소문과 왕 말벌의 뒷발차기.
기생 라합과 장계훈 장로님.

막걸리 전도

부여군 규암면 신성리.
이장님의 코로나 바이러스를 막으려는 방편(方便)은 교회에서 주일낮예배만 드리라는 것.

신성교회로 첫 담임목회를 나가는 이수현 전도사를 돕고 예배를 막는 이장님의 마음을 돌려 놓으려는 도광순 장로님의 비책(祕策)은 정선 아우라지 막걸리 두 상자였습니다.

하여, 한 손엔 성경을 한 손엔 막걸리를 들고 갔습니다. "전도사님은 먹지 마세요"라는 이금득 권사님의 당부와 함께.

예수님의 첫 번째 기적은 가나 혼인 잔치의 포도주 기적.
이제 새내기 담임전도사의 막걸리 기적이 첫 기적이기를 기대하시는 마음!

예수의 포도주 전도.
전도사의 막걸리 전도.
아버지의 기도 제목 또한 새 술에 취할 이장님입니다.

행사(行事)

역전 4속 대심방.
김용호 집사, 박정자 권사 가정의 예배.

목사를 가정으로 안내하시려는 집사님에게 교구장 최택규 장로님의 말씀.
"행사하고 들어가셔야 합니다."

최택규 장로님이 말씀하시는 행사.
대문에 교패를 부착하는 일이었습니다.

교패 행사.

컴퓨터 바이러스

  김종호 장로님의 정선군청 재임 시절 회상.

  컴퓨터 담당자가 아니면 컴퓨터 주변에 얼씬대지도 못하게 하였답니다.
  그 이유가 컴퓨터 바이러스 때문이었다는 것.
  아마도 컴퓨터 보급 초기 상황에 일어난 해프닝이 아니었을까요?

  컴퓨터 바이러스가 코로나 바이러스(corona virus)?
  독감 바이러스(influenza virus)?

  하여, 컴퓨터에 발생하는 고열과 두통.
  오한과 근육통으로 기침하고 콧물 흘리며 구토와 설사 복통 증상이 나타나는 컴퓨터.

  컴퓨터 바이러스?
  악성 프로그램!

명령(命令)

정선군 남면 꼬불꼬불한 길을 경운기로 삼십 분은 족히 오셔야 교회에 오시는 박규룡 성도.

햇감자를 캐셨다며 감자를 가지고 오셨습니다.
음료수 한 잔만 드시고 곧장 경운기를 몰고 가셨습니다.

마치 명령과 같은 말씀을 남기고 말입니다.
"목사님, 옥수수는 사 먹지 마요. 늦 옥수수까지 갖다 줄게요."

평소에는 대답하시는 말씀인 "야"라는 대답만 듣다가 처음으로 긴 말씀을 하셨고, 목사가 대답도 하기 전에 나가셨기에 거의 명령(命令)이었습니다.

"옥수수 사 먹지 마요, 갖다 줄게요."

평창에 난리(亂離)

　동부연회 사모 수양회에서 평창 지방 목사님 두 분의 대화.

　"평창에 다이소가 들어와요."
　"그래, 장족(長足)의 발전을 하는 거네."

　옆에서 듣기에도 '놀라움'을 표현함이 느껴질 정도였습니다.

　데살로니가에 일어난 난리.
　"천하를 어지럽게 하던 사람들"(행 17:6).

　평창에는 다이소가 들어와 난리.
　데살로니가에서는 예수가 그리스도라 하여 일어난 난리.

　다이소와 예수.

도전(挑戰)

5주 동안 복음학교를 통한 전도축제로 이어진 아동부 행사.

장기결석자들이 나오고 새 가족은 15명이 등록되었습니다.

전도 시상 선물은 무선이어폰, 스마트워치, 삼성 갤럭시탭 태블릿 PC이었습니다.

D-day를 앞둔 이계선 집사 가정의 5학년 준석이의 다짐.

"도전할 만하다."

15명 등록 인원 중 4명 전도로 전도 대상을 받은 준석이.

결국, 태블릿 PC는 준석이의 것.

전도 대상을 받기까지 준석이의 결단은 "도전할 만하다"였습니다.

도전(挑戰), 전도(傳道).

원장 사모님

고은희 권사 심방 예배를 드리고 나오는 길.

식당 '정선풍경'이 집인 시아를 만났습니다.
초등학교 일학년 최시아.

인사 드리라는 아버지 말을 들은 시아.
"원장님과 원장님 사모님이시네, 안녕하세요."

유치부와 유년부 아이들에게서 자주 듣는 호칭.
관장님, 사부님, 법사님.

훈련소 지역인 연무중앙교회에서는 '원사님'도 들었습니다.

목사의 아내도 원장 사모님.
아이들의 호칭이 재미있습니다.

좋은 교회

신은자 권사 심방 예배를 마치고 들른 정선 '카페, 유.'

부목사 세 가정도 함께하신 것을 보시고 "정선 감리교회는 좋은 교회인가 봐요, 목사님들이 이렇게 많으신 걸 보니."

'카페, 유' 사장님의 생각.

좋은 교회.
목사가 많은 교회.

운전면허 필기시험

시험 전날까지 한번 다 보고 가서도 68점으로 떨어졌다는 동생에게 책도 없이, 읽어 본 적도 없이 가서 96점으로 합격했다며 운전면허 필기시험 단박에 합격하는 꿀팁을 알려 주겠다는 목사 가정의 큰아들 이수현.

"착한 것 찍으면 돼."

듣고 보니 그럴듯했습니다.
하여, 이런 생각이 듭니다.

못되게 운전하지 말고, 착하게 운전하라는 것인가?

운전면허 필기시험.
단박에 합격하는 꿀팁.

"착한 것 찍으면 돼."

경운기 길

경운기로 족히 삼십 분은 걸리는 거리.
정선의 꼬불꼬불 길을 박규룡 성도가 경운기를 몰고 교회로 오십니다.

별을 만질 수 있을 만큼 높은 고개라 하여 붙여진 이름 성마령(星摩嶺). 해발고도 약 1000m에 이르는 정선의 관문(關門).

1887년 정선군수의 부인이 이 고개를 넘어와 읊은 아리랑 가사.
"아질아질 성마령 야속하다 꽃베루('곧, 베루(벼랑)가 끝납니다'라는 가마꾼의 대답) 지옥 같은 정선을 누굴 따라 여기 왔나."

정선 감리교회가 태동(胎動)된 노블 선교사의 아질아질 성마령 고개를 넘은 발걸음은 지옥 같은 정선에 야속한 벼랑길.

이제 꼬불꼬불 길을 경운기로 넘어오시는 박규룡 성도.

아질아질 꽃베루 길.

지옥 같은 정선에 복음 생명을 위한 108년의 바통은 이렇게 이어지고 있습니다.

박규룡 성도의 경운기 길.

바늘 끝

교회 출석을 반대하는 말을 입에 달고 계신다는 남편.
하여, 믿지 않는 남편을 위한 이계선 집사의 고민.

속회 인도자인 남선자 권사가 답을 해주십니다.
"남편을 위해 기도해. 그럼, 바늘 끝만큼씩 바뀌어."

기도.
불신 남편의 바늘 끝만큼씩 바뀌는 능력.

변화, 바늘 끝.

누구여

늦은 오후 여덟 시.

아직 불이 밝혀져 있는 정선 시장 입구 풍년쌀상회.
박상(옥수수 튀밥)을 사러 들렀습니다.

방문은 반쯤 열려있고 TV 소리가 들립니다.
"계세요"에 대답이 없으신 어르신.

TV 앞, 등받이가 큰 안락의자에 깜박 잠이 드셨습니다. 깜박 단잠을 방해했나 싶을 때 인기척에 대답하십니다.
"응, 누구여?"

가게를 방문한 손님에게, "누구여?"
정선, 아리랑 마을에 아리랑 문화재와 같은 질문.

중독성 있는 친근감(親近感).
풍년쌀상회 어르신의 '누구여.'

목사님

고(故) 전문준 장로님.
향년(享年) 93세로 하나님의 부르심을 받으셨습니다.

장례예배를 마치고, 부인되시는 유정순 장로님의 남편에 대한 회상(回想).
"술을 먹나, 담배를 피우나 천생(天生) 목사님이여!"

고(故) 전문준 장로님.
부인 유정순 장로님에게는 목사님이셨습니다.

"천생(天生) 목사님이여."

씨불임

지금은 정선 남평성결교회에 출석하시는 집사님.

김영숙 권사님의 전도로 처음 교회에 오셔서 하신 질문. "도대체 뭐라고 씨불이는 거야?"

방언 기도를 듣고 하신 질문.
전이해가 없는 분에게 들려지는 방언 기도.
그것은 씨불이는 것.

사전적 의미와 같이 상스럽고 쓸데없는 말을 주책없이 함부로 자꾸 지껄이는 씨불거림이나 씨불씨불하는 것이었습니다.

후에 들려진 이야기로는 방언을 받고 싶어서 얼마나 노력(?)을 하셨는지 입술이 눈탱이 밤탱이(눈퉁이 바탱이)되듯 되었답니다.

메밀국죽 단상(斷想)

메밀국죽에 대한 교우들의 이견(異見).

도대체 뭔 맛인지 모르겠습니다.
미끄덩미끄덩하지요.
입안에서 여기저기 돌아 댕겨 당최 씹기 힘들어요.
메밀국죽은 이제 제대(除隊)했어요.

미끄덩거리며 입 안에서 돌아 댕긴다는 삶긴 메밀 알갱이.
씹히지도 않고 뭔 맛인지도 몰라 이제는 제대했다는 메밀국죽.

정선, 가난한 시절 밥 대신 먹었던 메밀.
하여, 제대했다고 하십니다.

하나, 정선의 애환(哀歡)을 삶에 녹여 놓은 것.
정선을 정선되게 하는 가치(價値) 중 하나입니다.

정선의 메밀국죽.

인민군과 무장공비

"목사님의 사투리가 참 깊으시네요."

정선군 남평이 고향이시고, 지금은 용인 고기교회를 출석하시는 교우 내외분의 말씀이셨습니다.

정선 사투리 때문에 남편이 받으셨다는 오해.
인민군과 무장공비.

목사의 '깊다'는 사투리.
인민군과 무장공비에 버금가는 언어라는 뜻?

인민군(人民軍)과 무장공비(武裝共匪)의 언어에 맞먹는다는 목사의 강원도 사투리.

청년 목사

새가족 유병훈 성도와 함께하는 식사.
"목사님을 가까이에서 보니 청년 같습니다."

회중석에서 목사를 볼 때는 분명히 나이가 들어 보였다는 것.

그 이유를 당신께서 말씀하십니다.
"목사님이 제복을 입었을 때는 나이 들어 보이고 제복을 벗으니 청년 같습니다."

성도님께서 말씀하신 제복.
제복(制服, uniform)이 아니라 제복(祭服).

제복을 입고, 벗고의 차이.
새가족의 시각에서의 목사의 모습은 이렇게 달랐습니다.
제복 입은 자의 무거움은 예배의 무게감은 아닐까요?

하여, 교회에서는 나이 든 목사.
식당에서는 청년 목사.

개 발

당신의 필적(筆跡)에 대한 당신의 불만.
"개 발."

유명순 장로님의 필적을 부러워하시는 전단출 권사님의 마음.
'개 발' 같다는 당신의 필적.

이혼 도장

이종선, 장유정 권사 부부의 주일낮예배 찬양.

은혜가 되었다는 목사의 말에 장유정 권사의 대답.
"글쎄, 도장 찍을 뻔했잖아요."

리뷰(review)를 나누다가 붉어진 감정?
이혼까지 갈 수도 있었다는 후일담(後日譚).

코로나(covid-19)로 성가대가 서질 못하는 상황.
이혼도 불사하며 부르는 찬양.

하여(何如), 우리는 특별(特別)한 찬송(讚頌)이라 하여 특송(特頌)이라 합니다.

소 새끼와 개새끼

레위기의 정한 생물의 규례. 짐승 중에는 "굽이 갈라져 쪽발이 되고 새김질하는 것"(레 11:3).

28년 전 홍천 문암교회 목회 시절, 고(故) 김채환 권사의 전화. "전도사님. 아, 글쎄 우리 집 소 새끼가 개새끼 사료를 너무 처먹어서 뒤지게 생겼어요, 빨리 와서 안수 기도해야겠어요."
개 사료를 너무 처먹어 소 새끼가 뒤지게 생겼다는 다급한 전화.

정한 생물의 충족 조건 중 '새김질.'
정결법 중 백성에게 주시는 말씀이고, 일차 수신자가 광야교회 공동체라면 말씀에 대한 새김질이겠죠?
말씀에 대한 묵상과 기억과 순종.

소가 개 사료를, 결국 양식 아닌 것을 너무 처먹어 뒤지게 생겼다는 것은 새김질의 문제.
뒤지게 생긴 것은 말씀이 생명과 뗄 수 없는 관계라는 것?

고(故) 김채환 권사의 소 새끼와 개새끼에 관한 전화.

귀순 용사

'누워'(눕다)라는 반려견(伴侶犬)을 향한 강원도 방언(方言) '둔너'에는 눈만 멀뚱멀뚱.

도끼의 소유에 관해서도 '이 도꾸가 니 도꾸나?'

하여(何如), 강원도 고성이 고향인 후배 목사는 '귀순 용사'라고 놀림을 받기도 하였습니다.

하나, 하나님이 방언을 사용하실 때는 말씀이 술 취한 자의 잔소리 정도로 취급 당할 때입니다.

"경계에 경계를 더하며 경계에 경계를 더하며 … 그러므로 더듬는 입술과 다른 방언으로 이 백성에게 말씀하리라"(사 28:10-11).

말씀의 회복을 위한 방법(方法)으로의 방언(方言).

귀순 용사.

하나님의 다른 방언.

제5부
새복기도

깨를 볶다

음료수를 마시지 못함과 마스크를 벗지 못하는 안매화 권사의 이유를 최미정 권사가 이야기하시네요.
"깨를 볶아서 그래요."

금방 이해가 되지는 않았지만 떠오르는 성경 말씀.
충성을 위한 자원 제사로 드리는 소제(素祭)의 예물 중, "볶아 찧은 것."

얼굴의 깨를 볶다.
얼굴로 드리는 소제.

하여, 얼굴의 충성이라 해도 될까?

시므리라는 이름이 가져다주는 사건과 이미지.
음행 사건으로 발생한 전염병으로 이만 사천 명이 죽임 당하여(민 25:1-9), 2차 민수(民數, Numbers)에 들지 못하게 하였고, 모세의 12지파 축복에서도 제외된 시므온 지파(신 33:6-25)를 생각할 땐 느낌표로 답해도 괜찮겠다는 생각이 듭니다.

시므리의 시무룩한 얼굴.
깨를 볶은 소제와 같은 충성을 자원하는 얼굴.

깨를 볶다, 얼굴에.

일일구

김순자 권사님네 주방.
'퍽' 하는 소리와 함께 불꽃이 튀는 형광등.

다급한 권사님은 차단기(遮斷器)를 내리러 뛰어가면서 남편 고장수 성도에게 "일일구에 전화 좀 해."

고장수 성도로부터 들려오는 목소리.
"일일구가 몇 번이야?"

결국, 김순자 권사님의 빠른 대처로 불은 진화(鎭火) 되었는데 당시 다급했던 상황.

일일구가 몇 번이야!!

천국(天國)

전성환 부목사 가정의 막내 다섯 살배기 전주안.
오른손 검지 둘째 마디 절단(切斷).

네 번에 걸쳐 진행된 접합과 피부 이식 수술.
절단되어 튕겨 나간 손가락 마디를 찾은 것도 괴사(壞死)된 피부로 절망할 수밖에 없던 상황에서 회복된 것도 기적이고 은혜였습니다.

두 달간의 병원 생활.
정선 집에 돌아온 주안이는 입원(入院) 생활이 '천국'이었다고 합니다.
병동 육인실에 아이인 주안이에게 어른 환자분들이 주셨다는 과자.
외할아버지 댁에서 일어난 사고였기에 두 달이 지난 이제서야 잠을 좀 주무신다는 외할아버지.

하지만, 주안이는 '과자' 때문에 병원은 천국이었다고 이야기합니다.

방송국 소품실(1)

정선 주민들은 이렇게 말합니다.
오지(奧地)라 울고 왔다, 정이 들어 울고 가는 곳.

여행을 오시는 분들은 "드라마 세트장 같네."
"북한인가?"
"민족촌 같은 분위기!"

최윤자 권사의 모친께서 하시는 가게.
정선시장 입구 '풍년쌀상회'

문안(問安)차 들렀습니다.
지난번 낙상으로 다치신 팔이 많은 회복이 있으시기에 사진을 찍어 최 권사님께 보내드렸습니다.
함께 사진을 보신 직장 동료의 말씀도 풍년쌀상회를 "방송국 소품실"이라 하셨답니다.

정선 아리랑과 장터, 정선의 삶을 함축한 이미지.
방송국 소품실, 풍년쌀상회.

눈치코치

잉엇과에 속한 대형 어종 누치. 정선에서는 눈치라고도 합니다.

"정선 강에는 거의 양어장 같이 많아요."

성인 팔뚝보다 더 큰 눈치 한 마리를 가져오신 유영호 장로님.

목사의 주특기인 자랑질.
그 소식을 들은 장총호 목사가 전화를 하였습니다.
"정선(旌善)은 요즘 시대에 선정(選定)된 곳이네."

고르고 가려서 정하다는 택정과 같은 선정.
사사 시대 450년 암흑기에 하나님께서 에브라임 산속 라마다임소빔(삼상 1:1)을 주목하시고 엘가나의 가정을 선정하신 것같이.

다음 검색의 정선군에 관한 백과사전 내용.
"강원도에서 가장 외진 산간 오지이며 왕래가 드문 곳."

이격거리가 화두인 작금(昨今)에 주목하시고, 고르고 가려내서 전염병 치유와 회복의 옹달샘을 흘려보내는 곳이기를 소망해 봅니다.

맑은 강, 성인 팔뚝만 한 눈치가 하나님의 마음을 읽어내는 눈치코치였으면.

···
소금길

눈이 많이 내린 다음 날, 정선 길에는 또 다른 하얀 결정체 염화 칼슘이 싸라기눈처럼 뿌려져 있었습니다.

최순학 권사님.
"정선 길바닥이 소금 길이에요."

여리고 성읍에 토산 익지 못하고 떨어질 때 새 그릇에 담아 온 소금을 물 근원에 던지며 선포한 엘리사.
"여호와께서 이렇게 말씀하신다. 이 물들을 내가 치료하였으니 여기서부터 이상 죽음이나 열매 맺지 못함이 없을 것이라"(왕하 2:21).

오므리 왕조의 아합, 아하시야, 여호람 시대.
벧엘 사람 히엘이 말씀을 어기고 여리고를 재건.
길르앗라못 땅을 찾는 전쟁에 거짓 선지자들의 거짓 승리 예언.
다락 난간에서 떨어져 생긴 병을 바알세붑에게 물었던 시대.

하여, 발생한 '이상한 죽음.'

우연히 쏜 화살에 맞아 전사한 아합.
다락에서 떨어져 중병으로 죽은 아합의 아들 아하시야.
아들 없이 죽었으므로 형제 여호람이 왕이 되었지만, 예후가 쏜 화살이 염통을 뚫어 죽고 그 시체가 나봇의 밭에 던져진 사건.

이제, 새 그릇에 담겨야 할 소금.
던져지며 선포되어야 할 소금 언약의 말씀.
이것이 '나쁜 신앙'을 고쳐서 '이상한 죽음'을 없애는 능력입니다.

정선 길바닥이 소금길이라면 정선 길바닥에 고쳐지는 소망이 있습니다.

하이에나

"하이에나(hyena)예요."
외출하는 아들, 은수를 향한 문나미 집사의 표현.

와이파이존을 찾아 그렇게 나가는 아들.
마치 먹잇감을 찾아 헤매는 하이에나 같다고.

정선감리교회.

초딩들 먹잇감의 프리존.
하이에나 프리존.
와이파이 프리존(WI-FI FREE ZONE)입니다.

예배표

정선감리교회의 비대면 영상 송출 예배.

스크린이 설치된 공간.
중고등부실. 지하 기도실, 식당, 교육관 2층에서.
본당에서는 임사자(任使者) 중심의 20명.

발열 체크와 수기록을 작성하고 안내위원들을 통해 받는 '예배표.'
예배 장소와 20명 숫자를 확인하기 위해 만든 표.

처음 겪는 일.
함께 모이지 못하고 제한된 인원만 모이지만, 소망하기는 '생명 떡집의 맛집표'와 같이 108년 예배 역사를 이어가는 줄서기와 맛집 번호표가 되기를 말입니다.

고린도교회의 예배 포(예배 머리수건) 착용을 통한 여자의 표가 교회의 덕을 세우며 남녀 구별을 통한 질서 유지에 유익 되기에 한 것같이 말입니다.

정선감리교회의 예배표 받기와 줄서기.
맛집 번호표와 맛집 줄서기.

권사인증(勸士認證)

고윤재 성도.
예배 시간에 만난 기억은 특별히 없지만 당신의 말씀에 "정선교회는 어머니 등에 업혀서부터 나온 교회."

장례식장을 다녀오시는 길.
한잔(?)하시고 교회에 오셨습니다.
모교회(母敎會)가 되는 정선감리교회와 과거 모친(母親)의 신앙생활의 보따리를 풀어놓으십니다.

생전(生前)에 계셨으면 91세가 되셨을 고(故) 백옥희 권사.
목사에게 강조하시는 내용. "우리 어머님이 정선교회 권사인증을 받은 분입니다."

모친의 권사인증(勸士認證).
증명(證明)받으신 어머니의 권사 신앙 회상(回想).
교회 예배는 못 나오지만 가끔 교회 마당과 뜰을 밟으신다는 것입니다.

고윤재 성도의 발걸음.
증명 받으신 어머니 신앙을 이어가시는 발걸음!

대장 목사님

송으뜸 부목사 가정에 조카들이 놀러 왔습니다.

교회 복도에서 만난 아이들.
조카들에게 우리 교회 담임목사님이라고 소개를 해주더군요.

듣고 있던 아이들.
이렇게 되묻습니다.
"대장 목사님?"

관계성에서 담임과 부담임이라는 어려운 이해보다 아직 일곱 살배기에게는 대장 목사님이 더 쉬운 이해였나 봅니다.

담임 목사님?
대장 목사님!

외상(外上)(1)

유정순 장로님의 회상(回想).

남편 전문준 장로님의 정선군 화암면장 재직 시절.
화암감리교회 5년 새벽기도 출석.

유정순 장로님은 새벽기도를 알리는 종치기 5년.
"탄피(彈皮)로 만든 종을 쇠꼽으로 쳤어요."

정선군청으로 영전(榮轉)하신 전문준 장로님은 과장으로 은퇴하실 때까지 근무하셨답니다.

장로님의 회상(回想).
하나님은 외상(外上)하시는 분이 아니시라는 것.
새벽기도 5년은 새복기도 5년이었다는 것입니다.

편지(1)

경기도 광주에서 신앙생활을 하다가 정선 아리랑문화재단박물관 학예사(curator)로 온 구준모 청년이 정선감리교회 새 가족으로 등록하였습니다.

교회를 정한 후기(後記).
'어느 교회로 가는 것이 좋은지?' 직장 때문에 이사 온 이의 물음에 몇몇 분의 대답이 정선감리교회였다는 것입니다.

마치 사도 바울이 자신의 사역을 입증하는 것이 자서전적 "추천서"(고후 3:1)가 아니라 "너희가 우리의 편지"(고후 3:2)라고 한 것처럼, 정선감리교회를 입증해 주시고 편지의 역할로 교회를 소개해 준 이웃들.

고린도후서는 '편지'의 역할을 한 이들을 '향기'(고후 2:16) 맡은 이들이라 하였습니다.

교회를 통한 복음의 '향기.'
그것이 진정한 '추천서'요 '편지'였습니다.

결혼(結婚): 고린도전서 7장을 중심으로

결혼 여부: 음행을 피하고자(2절).

미혼자와 과부의 경우: 절제할 수 없거든 결혼하라(9절).

처녀인 경우: 죄짓는 것은 아니로되 육신에 고난이 있으리니 그냥 지내는 것이 좋으니라(25-28절).

혼기 찬 딸을 둔 부모에게: 할 필요가 있거든 원하는 대로 하라. 그대로 두기로 하여도 잘하는 것이니라(36-37절).

사별한 과부의 경우: 시집갈 것이나 주 안에서만 할 것(39절).

첨부(添附).
정선감리교회 이숙자 권사님.
"옛날에는 먹을 게 없었잖아요! 먹고 살려고 결혼했지요."

결혼에 관한 바울의 주께 받은 계명(25절)과 바울의 개인 의견(25절).

이숙자 권사님의 첨부된 결혼 의견.
"먹고 살려고."

우리 장로님

전광덕 집사님의 핸드폰.
아내 되시는 김영숙 권사님에 대한 저장 이름은 '우리 장로님'으로 되어 있다고 합니다.

아내지만 신앙생활에 있어서는 믿을 만한 조언자인 멘토(mentor)로 생각하시는 것 같습니다.

정선감리교회에는 시무장로(視務長老)도 계시고 원로장로(元老長老)도 계시고 이명장로(移名長老)도 계시지만, '우리 장로님'도 계십니다.

전광덕 집사님의 겸손?
아내에 대한 저장된 이름은.
'우리 장로님.'

친정집

목사에게 묻는 전화.
"저, 교회 나가도 되나요?"

무릎 수술로 병원에 계셨던 기간 45일.
45일간의 자가격리(自家隔離).

하여, 병원 앞 약국에도 나가보지 못하셨답니다.
병원 안에서만의 시간.
어쩌면 강제격리(强制隔離)가 더 어울릴듯한 시간.
"교회에 가고 싶어 미치겠어요. 교회가 꼭 엄마, 아버지 집 같이 느껴져요."

오고 싶은 교회.
드리고 싶은 예배.

하루가 천년 같았을 시간 속에서 이기순 권사의 앙망(仰望)은 교회였습니다.
엄마, 아버지 집 같은, 친정집 같은 곳, 교회.

죽이지요

동부연회 사모힐링캠프로 속초 조양교회를 다녀오는 길.

주문진에서 점심 식사를 하고 헤어졌습니다.

주문진 '도마회좌판' 집에서 매운탕으로.

매운탕을 끓여주시는 여사장님, 우리를 보시면서 엄지 척과 함께 "죽이지요" 하십니다.

엄지 척과 '죽이지요!'
매운탕에 대한 자부심.

급 도전이 밀려왔습니다.

'죽이지요'와 같은 은어와 속어.
'능력이 뛰어나다'의 '쩐다.'
'야무지고 실속있다'의 '오지다.'
'놀랍거나 무섭다'의 '지리다.'

설교에 대한 도전과 자부심이 엄지 척과 함께 '쩔지요', '지리지요', '죽이지요'의 매운탕 사장님만큼 말입니다.

천기누설(天機漏洩)

이수현 전도사의 주일저녁예배 설교.

신정일 권사님의 반응.
"큰 은혜가 되었다"였습니다.

신정일 권사님이 받으셨다는 큰 은혜에 대한 비밀을 알고 계신 전단출 권사의 천기누설(天機漏洩).
"이건 비밀인데, 설교가 너무 짧아서 좋대."

짧은 설교, 큰 은혜.

이수현 전도사와 인사를 나누시며 나가시는 최택규 장로님의 목소리가 크게 들려옵니다.
"아버지 목사님보다 훨씬 더 나은 것 같아."

최 장로님의 또 다른 누설(漏泄)이겠죠?
'너무 길어요, 짧아야 돼요'라고 말입니다.

설교, 짧아야 은혜가 된다는 공공연한 진실.

연설(演說)

정선 읍내(邑內) 65년 전통의 민물매운탕집. 미향식당을 하시는 임대빈 권사님.
목사를 장어구이 식사에 초청해 주셨습니다.

목사를 초청하신 이유.
"연설을 통해 남을 이해시키는 일이 참 어려운 일."

목사의 연설(演說).
남을 이해시키기 힘든 일.
그래서 힘을 내라고 초청하신 것 같습니다.

장어구이.
목사의 연설에 힘을 보태시려는 권사님의 마음.

레이저 시술

요추관 협착증으로 저리고 감각이 무뎌져 나무 같이 되었다는 다리와 발.

하여, 레이저 시술을 하고 오신 권옥랑 권사님.
이렇게 말씀하십니다.
"등때 뻬를 레지로 찌젯써요. 레지로 해서 그런지 수술은 고대 댓어요. 의사는 집에 가서 잔차를 타라 하는데 허리가 꼬브래져야 말이지요."

잔차타기 운동해야 하시는데 꼬브래지지 않는 허리.
레지로 찌제서 고대 되신 시술 같이 고대 펴지고 자유하시기를 앙망(仰望)합니다.

권옥랑 권사님의 어르신 방언(方言), 혹은 정선방언(旌善方言)이라 해야 할까요?

번쩍 세월

남선자 권사의 세월(歲月)에 관한 견해(見解).
특히, 육십에서 칠십 사이의 세월.
"어떻게 지나왔는지? 아무것도 기억하지 못할 만큼 빠르게, 번쩍하는 것 같이."

'번쩍'은 '크고 환한 빛이 잠깐 약하게 빛나다. 순간적인 빛'이라는 섬광(閃光)과도 같은 의미입니다. 결국(結局), 세월은 '번쩍하는 순간'이었다는 것입니다.

'시간 없음'에 대한 최정숙 권사의 인용(引用)도 '백수의 과로사'였습니다.

없는 시간, 번쩍하는 세월.
과로사하는 백수건달(白手乾達)의 시간으로 보내지 말고 아끼는 세월(엡 5:16)되라 하십니다.

하나님 되기

사택 마당에, 익어서 절로 떨어진 호두.
김백하 권사의 손자 서우와 함께 주웠습니다.

작은 종이봉투에 담아 들고 간 서우.
누가 주셨냐는 권사님의 물음에 서우의 대답은 "하나님"이었습니다.

세 살배기 서우에게 '이석재 하나님.'
서우의 목사 톺아보기는 하나님까지.

세 살배기에게 하나님 되기.

호두 몇 알이었습니다.

미스코리아 피부(皮膚)

　이왕균 장로님이 하시는 도라지 농사에 대하여 이춘남 권사님이 내린 결론은 도라지의 '피부'(皮膚)였습니다.

　지난날 철원에서의 도라지 농사의 회상은 "꺼실꺼실한 피부."
　지금 이천에서의 도라지 농사, "미스코리아 피부."

　연부년(年賦年) 흉년이 든 곳에서 이삭의 농사가 백배나 되어 대박난 비결은 '우물'이었습니다.
　이름하여 '르호봇.'
　그 의미는 "여호와께서 넓게 하셨으니 우리가 번성하리로다"(창 26:22).

　우물로 백배나 되는 '르호봇'을 이루었다면, 미스코리아 피부가 넓음의 '르호봇'과 돌파의 '바알브라심'(삼하 5:20) 되시길.

　대박 나게 한 이삭의 우물.
　대박 나게 할 장로님네 도라지 피부.
　미스코리아 도라지 피부(皮膚)와 살갗.

새복기도

지난날의 회상(回想).
서인순 권사님, 백일기도와 새벽기도 하시던 때.
식당을 하시면서 피곤한 와중에도 작정하신 새벽기도를 이어가셨던 날들.

서 권사님의 이야기를 듣는 중에 반복되는 권사님의 표현은 "새 복 기도"였습니다.

'새 복을 여는 새벽'이라는 생각이셨을까?

주님께서 시몬에게 "네가 복이 있도다 이를 네게 알게 한 이는 혈육이 아니요 하늘에 계신 내 아버지시라"(마 16:17).

말씀을 통해 주님과 주님의 뜻을 알아가는 새벽.
그것이 복이기에 새벽은 새복(新福)이었을 것입니다.

서인순 권사님의 새벽기도는 새복기도(新福祈禱)였습니다.

불타는 마음

새가족 정연호 집사님.

이사 심방 예배를 드리고 나서는 목사에게 꼭 점심 식사를 하고 가야 된다며 붙드십니다.

그리고 되뇌시는 말씀.

"가다마이 한 벌 해드리고 싶은 마음이 불타는 듯한데."

85세의 연세, 소득이 전혀 없으신 집사님의 불타는 마음.

먹고 죽을 가루 한 줌을 드릴 때, 사르밧 과부의 심정?

다윗의 성전 건축 계획, 그것을 통해 받은 복은 군사적 승리와 영원히 견고해질 왕위에 관한 다윗 언약이었습니다.

또다시 '가다마이'를 읊조리시는 집사님.

하여(何如), 성전 건축 계획이 다윗의 복이 되었다면 '가다마이' 계획이 복이 되시기를 기원하는 목사의 불타는 마음.

꺼먼커피와 요물커피

커피숍 앞을 지나가시는 이강윤 권사님을 모셨습니다.
커피 주문을 묻는 목사에게 "그냥, 꺼먼커피요."

정선교회 십자가를 제작하여 주신 채현기 목사님.
나름 커피에 대하여 일가견(一家見)이 있으신 목사님께서는 "커피는 요물(妖物)입니다"라고 하십니다.
로스팅 정도와 물의 온도, 원두의 분쇄도에 따라 약 칠백 가지의 맛을 낸다고 합니다.

간사(奸詐)의 뜻을 가진 요물.
'간사'라 함은 '알랑거림'과 '속임.'

맛의 알랑거림과 속임으로 이강윤 권사님에게는 꺼먼 커피지만, 채현기 목사님에게는 요물(妖物)커피입니다.

사변(事變)믿음과 전쟁(戰爭)믿음

고석하 성도님.
78세의 연세(年歲).
2019년 3월 30일. 고덕균 장로님과 함께 교회에 나오셨습니다.

50년 만에 나오셨다는 교회.
"내가 6.25 사변 나기 전부터 다녔던 교회입니다."

일제강점기(日帝强占期)와 한국 전쟁(韓國戰爭)의 혹독한 광야를 지나온 정선감리교회의 믿음의 역사.

고석하 성도님께서 50년 만에 교회에 다시 나올 수 있었던 것은 6.25 사변(六二五事變) 믿음, 전쟁 믿음이기 때문입니다.

고석하 성도의 믿음.
사변(事變)믿음과 전쟁(戰爭)믿음.

의리(義理)

어머니 하나님을 믿지 않으면 하늘나라 가지 못한다고 말하는 사람들.

김근순 권사님을 만나러 온 그들에게 날린 일침.
"나는 25년 감리교 신앙생활한 사람입니다."

비슷한 경험을 하신 이강윤 권사님 또한 "어머니 하나님 이야기하는 이상한 사람들"이라 하십니다.

어머니 하나님 이야기하는 이상한 사람들의 이상한 이야기가 뚫을 수 없는 철통 믿음.

감리교 25년 신앙생활.
신앙의 의리(義理)였습니다.

입 관리(口管理)

정선감리교회의 시설관리(施設管理)를 맡아주시는 김도근 권사님.

교회 차량을 운행하시면서 교우들에게 '주의사항'을 말씀하신답니다. "먼저 하나님 앞에 기도드리기 전에는 사사로운 말을 삼가라."

시설관리 권사님을 통한 교인들의 입 관리(口管理) 주의사항.

마치 하박국 선지자의 침묵 명령.
"오직 여호와는 그 성전에 계시니 온 땅은 그 앞에서 잠잠할지니라"(합 2:20).

스가랴의 침묵 명령처럼.
"모든 육체가 여호와 앞에서 잠잠할 것은 여호와께서 그의 거룩한 처소에서 일어나심이라"(슥 2:13).

시설관리 권사님을 통한 교우들의 입 관리.
주의사항은 침묵 명령(沈黙命令).
먼저 하나님 앞에 가서 입을 열기 전에는.

촌 맛, 촌 음식

정선군 북평면 시골에 있는 번영식당(수퍼).
콩등치기국수, 보리밥, 가수기가 주메뉴.

예약 필수인 것은 좁은 공간 탓이기도 하지만, 현지인 추천 맛집으로 소문난 덕분입니다.
촌에 있는 식당, 촌 식으로 만든 음식.
느끼는 맛은 촌 맛, 값은 촌 값.

하여(何如), 정선, 시골에 있어도 문전성시(門前成市)를 이루는 식당입니다.
촌 식과 촌 맛이 승부수(勝負手).

촌 교회, 소멸위험지역에 있는 교회.
금령(禁令)이 내려진 시대의 교회에 문전성시를 꿈꾸게 하는 '번영식당.'

촌 교회가 간직해야 할 촌 맛.
촌 맛을 내기 위해 빚어내야 할 촌식 복음.

현지인 추천 복음 맛집, 그 그림을 그립니다.

머슴 입맛

늘푸른교회 박두범 목사님의 사모님.

목회 초년시절 교인들과 함께 드셨던 만두.
갓김치로만 만두소를 만들어 '씨두름'하기는 했어도 잊을 수 없는 맛, 배고픈 시절 너무 맛있게 먹었던 추억.
머슴 입맛이었을 때를 말씀하십니다.

애굽의 양식인 '만두?'
정력제인 양식에는 파와 마늘, 부추가 있었습니다.

그러나 하늘 양식인 '만나'를 부정(否定)한 잡족이 원하고 그들의 입맛이 요청한 음식이었습니다(민 11:4-6).
"광야교회"의(행 7:38) "하늘 양식"(출 16:4)은 "만나"였습니다(민 11:6).

애굽의 양식이 아닌 하늘 양식.
잡족의 입맛에서 머슴 입맛에 요청되는 맛.

안타까운 목사

정선감리교회 모(某) 권사님의 목사를 위한 염려와 걱정.

"남들처럼 적어 와서 읽어주시면 쉬울 텐데. 안 적어 오시고, 성경만 보고 하시느라, 어렵게 하시는지! 볼 적마다 안타까워요."

적어 오지 않고 하는 설교.
힘들어 보이는 설교.

그래서 안타깝게 느껴지는 목사.
애처롭고 가여워, 딱하게 보이는 목사.

권사님의 조언(助言).
'적어 와서 쉽게 하세요.'

14통 전화

교회 가까운 곳인 권사님 댁에서 북평 면사무소로 출근하는 고은희 권사님.

카카오맵으로는 16분 걸리는 거리.

안전하게, 천천히 가는 길이라 해도 20분 안쪽에는 도착하는 곳입니다.

빨강색 모닝 차량. 번호판까지도 알고 있는 지인들의 전화.

그날, 출근길.

14통의 전화를 받았다고 합니다.

정선(旌善).

두 번 운다는 곳.

험한 산세와 골 깊은 곳에 온다 하여 서러워 울고, 왔다가 인심 좋은 정선 땅에 정이 들어 떠나기 싫어하여 울고 간다는 것.

16분 가는 길.

14통의 전화.

울게 하는 정선의 정(情).

꺼심과 깡다구

글로리아중창단과 베드로선교회원들 식사 접대.
당신의 마당에 가마솥을 걸고 장작불을 때고 속에 찹쌀과 대추, 인삼을 넣어 만든 삼계탕 삼십 인분을 삶습니다.

73세, 전단출 권사님.
주위에서 당신을 잘 아시는 교우들. 척추협착증으로 아픈 허리, 그럼에도 교회 주방일과 김치 담그는 일, 식당 일을 하시는 것을 보며 속장이신 김학순 권사님, 전미숙 권사님도 "권사님은 엄청 꺼신거여."

권사님을 향하여 이구동성으로 하는 말은 '힘이 세고 드세다'의 강원도 사투리인 '꺼시다'라는 것입니다. 하지만, 맞받아치는 권사님의 대답은 "깡다구"입니다.

전단출 권사님에 대한 평가.
서로의 이견(異見).

깡다구 있는 여자, 일명 깡순이는 센 여자를 속되게 이르는 말이 사전적 의미라면 어감(語感)의 차이일 뿐,

의미는 같은 의미를 지닌 것이죠.
 하여(何如), 전단출 권사님의 감사 기도는 "꺼시게 해 주셔서 감사"라는 것.

 목사의 축원(祝願)도 꺼시고, 센 여자인 깡순이시기를.

대박나게

정선지방 여선교회 회장이신 오영수 장로님.
장로님 댁(宅)은 사북읍(舍北邑)이십니다.

2004년 무연탄 광업소의 폐광, 해발고도 700m 이상, 인구 4856명.

이곳이 새로운 관광도시로 떠오른 것은 폐광지역의 경제를 진흥시켜 주민들의 소득 증대를 도모한다는 강원랜드(카지노) 설립이 그 시작이 되었습니다.

10억은 기본, 100억까지 날린 사람이 비일비재하고, 일명 '도박 폐인'이라 불리는 이들이 장로님이 섬기는 사북교회의 '만나메추다솜밥상'에 오셔서 하는 기도 부탁.
"대박 나게 기도해 주세요."

도박(賭博)의 대박.
솔로몬 당시 은이 마치 돌멩이처럼 굴러다녔다면(왕상 10:27), 그것이야말로 대박 아닐까요?
솔로몬이 터트린 jackpot.
그의 대박, hit.

성전과 관련하여 이루어진 일이었습니다.

 광야교회(행 7:38)의 만나와 메추라기가 '도박 폐인'에서 다시 찾는 인생.
 대박 인생의 통로가 되시기를 기도합니다.

감자

"목사님, 간장에 찍지 마시고 그냥 드셔도 맛있어요."
이어집니다.
"무슨 짓을 해도 맛있는 것이 감자예요."

감자전을 내어 오시며 말씀하시는 정선 '전영진어가' 사장님.

볶아도. 삶아도. 구워도. 튀겨도. 조려도. 쪄도.
감자옹심이를 해도.
녹말가루 반죽을 수제비처럼 떼내어 쪄내는 감자붕생이를 만들어 먹어도.

감자.
무슨 짓을 해도 잃지 않는 맛.

감자는 그러하답니다.

신학대학

예배를 통한 성경 통독.

형광펜으로 키워드(keyword)를 구분하고 빨강 펜과 파랑 펜으로 남 유다, 북 이스라엘 왕들과 순서를 정리.
지명을 선으로 이어갑니다.
삽입구나 삽입문장을 박스로 정리합니다.
문장의 구조에 있어 대칭 혹은, 상하, 주제적 서술인지를 파악합니다.
비유, 상징, 설교를 분리하여 구분합니다.

예배를 통해 성경을 주석화(註釋化)하는 예배로 드립니다.

장유정 권사님, "신학대학 다니는 기분이 들어요!" 하십니다.

신학대학의 대학생.
이제는 초등학문(갈 4:3)과 초등교사(갈 3:24) 아래에 있지 아니한(갈 3:25), 신학대학의 대학생입니다.

제6부
눈싸움과 교회

토종악수

장례식장에서 만난 군수님이 악수를 청하시기에 제가 물었습니다. "요즘, 악수 괜찮습니까?"
군수님의 대답. "정선 토종끼리는 괜찮습니다."

토종은 침투를 막는 안전!
종처와 환부 등을 통해 나병이 침투된 사람은 진영 밖에 격리되어야 합니다(레 13:46).
의복에 색점이 침투되었을 경우 불태워야 합니다(레 13:57).
집에 나병 색점이 침투한 경우 헐어야 합니다(레 14:34-45).
질그릇은 깨뜨려 버려야 합니다(레 11:35).
물 묻은 씨앗은 부정해져 생명의 효력을 상실합니다(레 11:38).

침투를 통한 부정한 파괴력을 기록한 레위기는 그야말로 '토종' 되라는 말씀이겠죠?
5대 제사와 7대 절기의 예배자로서 구별되고 분리된 '토종' 말입니다.

그날, 저의 악수는 토종 악수였습니다.

착한 목사

목양실 앞 복도가 시끌시끌합니다.
다섯 명의 우리 교회 아이들.
고하민, 김하은, 전은광, 고하랑, 고하엘.

목양실로 아이들을 불러 냉장고 문을 열어주며 맘에 드는 음료수를 하나씩 선택하라 하였습니다.
다들 골랐는데 하엘이만 주저합니다.
이유, 두 가지가 맘에 들었던 것입니다.
포도 주스와 망고 주스.
두 가지를 다 하라는 말에 올라가는 입꼬리.
자기들끼리 의기투합(意氣投合)해서 목양실에서 마시고 가겠다는 것.

일곱 살배기 막내 하엘이가 쇼파에 앉으며 오빠와 언니들에게 묻습니다.
"목사님, 착하지?"
"우리 교회 목사님, 엄청 착하지?"

그날, 하엘이를 통해 주스 두 병으로 착한 목사 되었습니다.
그것도 엄청 착한 목사 말입니다.

공구리 친 날

박문교 원로 장로님의 부인, 배옥선 권사님.
허리 통증 때문에 병원을 다녀오셔서 "목사님, 허리에 공구리 치고 왔어요."

공구리 쳤다는 권사님의 병명은 '척추관 협착증'이었습니다.

허리에서부터 엉덩이와 허벅지, 종아리로 이어지는 통증과 저림 현상이 발생되는 것으로, 일명 '꼬부랑 할머니 병'이라 합니다.
척추관 협착증의 치료는 약물 치료와 주사 치료. 그리고 척추를 안정적으로 지지해 줄 수 있는 주변 근육 강화 운동으로 자전거 타기와 경사진 곳 걷기 운동을 병원에서는 추천합니다.

하나, 교회 오시는 걸음도 조심스레 한 걸음씩 오시는 권사님.

하여(何如), 근육 강화 운동 보다는 공구리!
권사님의 척추관 협착증 시술, 공구리 친 날.

공구리의 표준어는 콘크리트입니다.
'다지다'의 뜻인 라틴어 '콘크레투스'(concretus)에서 유래한 콘크리트.

권사님의 다져지고 단단해진 허리가 꼬부랑 할머니 병에서 자유하게 되시기를 축원(祝願)합니다.

허리에 공구리 치고 오신 배옥선 권사님.

입적(1)

정선시장 안에는 우리 정선감리교회 권사님네 나물 가게가 있습니다. '윤춘자산나물.'

교회를 방문하신 분들과 함께 갔을 때, 권사님은 안 계시고 따님인 강숙 씨가 가게를 보고 계십니다.

일행 중 누군가가 물었습니다.
"교회는 잘 나가시죠?"
강숙 씨의 대답.
"잘, 나가야지요. 입적은 이미 예전에 했어요."

호적(戶籍)과도 같은 입적(入籍)은 가족관계등록부를 말하는 것으로 '어떤 가의 가족으로 신분을 취득하는 것'을 말합니다.

하나님 가(家)의 가족으로 신분을 취득하고 이름이 기재되었다는 사실에 대하여는 확실한 믿음(?)을 가지고 계셨습니다. 교회는 못 나오셔도 분명한 것은 입적교인(入籍敎人)이라는 것입니다.

입적(入籍).

비행기 뜰 때

정선 방향 양평휴게소, 오후 9시 30분.

새벽예배부터 이어진 차량 운행에 피곤해하실 김도근 권사님.
도와드릴까 하는 마음으로 정선까지 140km. 약 두 시간, 35인승 버스 운전을 하였습니다.
이춘남 권사님 모친상(母親喪) 조문을 마치고 돌아오는 길이었습니다.

장계훈 장로님.
평소(平素), 장로님 '최고의 기분'은 비행기 뜰 때라고 말씀하시며, 마치 그날 목사가 운전하는 버스 운전의 느낌이 비행기 뜰 때와 같았다고 말씀하십니다.

목사의 버스 운전.
비행기 뜰 때와 같이 '최고의 기분.'

목사에게 당근?
채찍?

스알야숩

새벽기도회를 마치고 나가는 길에 만난 이행대 권사님, 인사와 함께 목사에게 건네는 말씀.

"나도 이제 스알야숩은 알 것 같아요."

스알야숩(사 7:3)의 이해에 대한 이유는 "여러 번 들어서"였다는 것입니다.

이사야 선지자의 맏아들.

선지자로 하여금 그 아들의 손을 잡고 하나님을 불신하는 아하스 왕을 세탁자의 밭 큰길에서 만나라고 하셨습니다.

그것은 '스알야숩'의 의미처럼 실로아 물(사 8:6)을 버리고, 큰 하수 앗수르(사 8:7)를 의지하는 불신앙을 씻고 '돌아오는 남은 자'가 되라는 의미였습니다.

여러 번 들어서 알게 되셨다는 스알야숩 징조.

이제 기대합니다.

또 들으심으로 입에 익어 가실 임마누엘 징조(사 7:14), 마헬살랄하스바스 징조(사 8:3), 제2의 임마누엘 징조(사 8:8).

마치 이삭의 '넓게' 하신 우물지경, '르호봇'(창 26:22)처럼.

스알야숩 징조가 입에 붙으신 82세 이행대 권사님.

단군의 자손

전문준 장로님 심방을 다녀오며 이영호 장로님께서도 전 장로님과는 먼 친척뻘이 되신다며 정선 지역은 사돈의 팔촌 정도의 관계성이며 한국 사람들 역시도 그러하다고 하십니다.

함께 다녀오시던 최연옥 권사님. "우리 모두 단군의 자손이라 그래요" 하십니다.

최연옥 권사님의 말씀에 이영호 장로님이 소리치시는 역정(逆情). "단군의 자손이라 그런 것이 아니라 하나님의 자녀라 그런 것."

그날. 사돈의 팔촌에 대한 정리는 단군의 자손에서 하나님의 자녀로 일단락되었습니다.

하나님의 자녀.

이래라 저래라

정선감리교회의 예배.

예배의 좋은 것 중의 하나.
"이래라, 저래라 안 해서 좋아요."

전단출 권사님이 좋다고 말씀하신 것.
이래라, 저래라 안 하는 것은 예배의 '무언사회'를 말하는 것이었습니다.

무언사회(無言司會).

소주 한 병

그날 식당에서 목사가 함께 결제한 영수증은 세 장.

목사가 앉은 자리.
교우 가정 한 테이블.
권사님의 남편과 직장 동료들이 함께 앉은 테이블.

세 장의 영수증을 보고 아들이 전화했습니다.
"이게 뭡니까?"

그중 한 장의 영수증에는 해장국 넷과 소주 한 병이 있었습니다.
'소주, 처음처럼.'

하나님께서 그의 백성들을 '처음처럼'(사1:26) 하시려고 이사야의 맏아들 '스알야숩'(사 7:3)의 손을 잡고 '세탁소'(사 7:3)에서 아하스 왕을 만나라 하셨습니다.

아람과 이스라엘의 침공에 대하여 '연기 나는 부지깽이'(사 7:4) 같게 하시겠다는 말씀에 불신을 세탁하고 하나님이 함께하신다는 '임마누엘'(사 7:14) 징조.

신속하고도 급속하게 해결하시겠다는 '마헬살랄하스바스'(사 8:3) 징조.

그러므로 '스알야숩'으로, 남겨진 믿음의 사람으로 돌아오라는 것입니다.
'처음처럼' 말입니다.

그날 계산을 잘한 것 같습니다.
소주 한 병.

시다바리

'데모도'라는 말은 전문기사를 돕는 조공이나 보조공을 칭하는 말로, 약어(略語)인 '시다'로 쓰는 '시다바리'와 같은 뜻이기도 합니다.

김영숙 권사님의 남편 되시는 전광덕 집사님.
처음 교회에 등록하셨을 때, 동년배(同年輩) 선교회인 디모데선교회로부터 전화를 받으시고 권사님께 물어보셨다는 말씀은 교회에 '데모도 팀이 있느냐' 하는 것이었습니다.
마치 여선교회 지방의회인 계삭회(季朔會)가 곗돈 붓는 계(契)모임으로 생각될 수 있는 것처럼 말입니다.

'데모도' 모임?
'시다바리' 모임!

디모데선교회였습니다.

방언(方言)(1)

교회 사무실에서 임재중 부목사에게 "행수"라며 건네주시는 이강윤 권사님.
당신은 이제 연애할 것도 아니기에 필요 없다며 여행용 향수(香水)를 건네셨습니다.

윤영일 권사님 댁 심방 예배.
성경 본문은 당신께서 눈을 감고 기도하시며 펼쳐주시는 말씀이 심방 예배의 본문입니다. 열어주신 본문이 어디냐고 묻는 목사의 물음에 권사님의 대답.
"아시야."

82세와 72세의 정선감리교회 어르신 권사님들의 방언(方言) 행수와 아시야.
향수와 구약성경 예언서 이사야였습니다.

행수와 아시야.

지랄과 설렘

김선헌 권사님 심방을 다녀오는 길.

봉고차 안에서 오고 가는 교우들 간의 대화.
말머리(話頭)는 눈(雪)이었습니다.

마당 너른 집에 사시는 윤순희 권사님.
눈 쓸어 내는 일 때문, "눈이 많이 오면 지랄."
한편, 박광숙 권사님.
"아이같이 되어서 마음이 설렙니다."

눈(雪)에 대한 단상(斷想).
두 마음.

지랄 같은 마음.
설레는 마음.

지랄과 설렘.

놈(者)

미친 놈(잠 26:18, '미친 사람'의 공동번역).

죽일 놈(잠 10:7, '악인의 이름은 썩게 되느니라'의 현대어 성경 번역).

짐승 같은 놈, 개 같은 놈(말에는 채찍이요 나귀에게는 재갈이요 미련한 자의 등에는 막대기니라, 개가 그 토한 것을 도로 먹는 것 같이 미련한 자는 그 미련한 것을 거듭 행하느니라[잠 26:3, 11]).

바른 충고의 청종을 거부하는 자, 잘못을 거듭하면서도 시정하지 않고 반복하는 자를 짐승과 개에 비유한 잠언입니다.

성경은 여기에 더해서 복 있는 사람(놈)과 성읍을 진흥케 하는 사람(놈)을 말하고 있습니다.

팬데믹이 현실이 된 작금(昨今)의 상황에서 유령 도시(잠 11:11, 메시지성경)를 진흥(振興)케 할 정직자로서 복 있는 자와 지혜자로 초대하는 잠언은 미친 놈, 죽일 놈, 개 같은 놈, 짐승 같은 놈에서 흥(興)하게 하는 정직한 놈으로 복된 놈 되라는 것이겠죠?

광야와 사막에 강을 내시며 길을 내시는 하나님이 행하실 새 일의 통로가 될 놈(者).

은퇴(隱退)

강릉아산병원에 폐렴으로 입원하신 김기수 장로님.
열흘간의 입원.

목사와의 전화 통화에서 다음날 퇴원하심을 이렇게 말씀하십니다.
"내일이면 은퇴합니다."

코로나 전염병으로 더욱 깐깐해졌을 병원. 그리고 열흘간의 입원, 힘드셨을 병원 생활.
장로님의 은퇴(?) 소식을 들은 목사의 기원(祈願).

(隱), 생명싸개(삼상 25:29) 안에 숨겨주시고.
(退), 물리쳐 주시는 은혜가 날마다 기념 되시는
유월절의 은퇴가 되시기를.

은퇴(隱退).

숙주(宿主)

바이러스로 인한 전염병 세계 대유행을 가져온 팬데믹(pandemic) 쇼크.

출애굽 공동체, 가나안 땅을 향해 행진하던 그들에게 전염병으로 이만 사천 명이 죽는 재앙.
그 전염병의 숙주는 싯딤의 음행(민25:1)이었습니다.

모든 사람이 감염되고 있다는 팬데믹은 '잘못된 정보의 범람으로 만들어지는 사회적 대혼란의 뜻인 인포데믹(infodemic)이라는 신조어를 만들어 내었습니다.

'카더라'와 '가짜 정보'의 파괴력은 마치 '음녀의 고운 말과 호리는 말에 죽은 자가 허다하다'(잠 7:21-26)는 것과 남 유다 멸망 당시 '거짓된 논리로 흑암으로 광명을 삼고 단 것으로 쓴 것을 삼아'(사 5:20) 가치를 전도시켜 멸망을 가져온 들포도 열매였습니다.

팬데믹(pandemic)의 숙주가 싯딤의 음행이었다면, 인포데믹(infodemic)의 숙주는 '죄'의 본거지가 되었던 '시날평지'(슥 5:11)의 멀어진 자들(창 11:2)이었습니다.

바이러스의 창궐로 애통(哀慟)하는 우리에게 바이러스의 숙주가 되었던 행위들을 조사하고, 두 손 들고 돌아올 것(애3:40-41)을 말씀하십니다.

그때, 애가(哀歌)에서 다시 회복될 아가.
다시 부르게 될 song of songs.

천불난다

코로나19의 여파로 감금(監禁) 아닌 감금 상태가 되었습니다.

전단출 권사님.
"드나들지 못해 속에서 천불이 나 죽겠어요."

열불, 역정과 더불어 사용하는 '천불.'
몹시 눈에 거슬리거나 화가 날 때 쓰는 표현입니다.
억장이 무너질 때 일어나는 불이기도 하다는 것입니다.

'억장지성'의 줄임말인 이 말은 1장(丈)은 10척(尺)으로 약 3m. 억장은 3억m의 높은 성이 무너질 때의 절망과 슬픔입니다.

절망과 슬픔, 눈에 몹시 거슬림.

광야교회(행 7:38), 출애굽 공동체에 염병이 번져 이만 사천 명이 죽을 때.
음행이 숙주(宿主)가 되었음에도 시므리와 고스비의 또 다른 음행에 천불이 난 비느하스가 창으로 두 사람을 죽였을 때 염병이 그쳤습니다.

새 봄.
권사님 속에서 치밀어 오르는 천불이 그야말로 하늘이 내리시는 소멸의 천불이 되어서, 창궐하는 전염병을 끝장내는 비느하스의 창(槍)이, 창(窓)이 되는 소망을 갖습니다.

천불의 창(窓).

스댕 그릇과 눈알종재기

마당에 솥단지 걸고 장작을 땝니다.
어지간히 큰 나무 주걱으로 저어가며.

이기순 권사님의 회상(回想).
"아마, 커피 한 통은 다 쏟아부었을걸요?"

고(故) 최종영 집사님 댁 속회예배.
마당, 가마솥에는 커피가 끓는 김과 타는 장작에서 피어오르는 연기.
함께 나누는 커피 그릇은 스댕 그릇으로 한 대접씩 마시고 들쩍지근한 맛으로 한 그릇씩 더 청해서 마신 커피.
그날 밤 모두 한숨도 주무시지 못하셨다는 속회예배 후기(後記) 회상.

옛날 스댕 그릇 커피잔이 그리운 권사님에게 오늘, 성에 안 차는 커피잔은 "눈알종재기"였습니다.

스댕 그릇과 눈알종재기.

은근슬쩍 죄

주일오후예배 대표기도 이종선 권사님.
기도 가운데 권사님의 회개 내용은 은근슬쩍 지은 죄에 대한 기도였습니다.

원죄(original sin)와 자범죄(actual sins). 고의적으로 짐짓 범하는 죄인 고범죄(故犯罪).
용서받지 못한다는 성령훼방죄.
"성령을 훼방하는 것은 사하심을 얻지 못하겠고"(마 12:31-32, 개역한글).

마음으로 지은 죄와 행함으로 지은 죄. 그리고 이종선 권사님을 통해 알게 된 '은근슬쩍 죄.'

은근(慇懃)!
"함부로 드러나지 않고 은밀하다."

생각과 행동이 숨겨져 있는 것입니다.
영어 표기 중에는 gentel과 quiet도 있습니다.
점잖아 보이고 평화로운 듯 보여도 숨겨져 있는 죄가 있다는 것입니다.

그래서일까요?
은근슬쩍의 '작은 말'은 '은근살짝'입니다.

이종선 권사님의 은근슬쩍 죄.
은근하고 살짝한 것이라 드러나지는 아니하지만, 숨겨져 있던 음흉한 마음에 대한 회개.
그렇다면 권사님의 기도는 표리부동(表裏不同) 죄에 대한 기도?

족집게 목사

심방 예배를 드립니다.
박광자 권사님께서 눈을 감고 기도하시는 마음으로 펼치신 성경.
예레미야애가 1장. "그의 나중을 생각하지 아니함이여"(애 1:9).

내일 일을 생각하지 않고 한 남유다 백성들의 모습에 대한 설교를 하였습니다.
이기주의, 향락주의, 교만주의의 들포도 열매 맺은 남유다(사 5:8-23).
말씀을 '욕'으로 여긴 백성들(렘6:10).
오히려 '거짓말'로 하는 설교를 요구한 시대(미2:11).

예배를 마친 후, 권사님의 목사에 대한 한 말씀.
"목사님은 족집게 목사님이시네요."

그날.
어떤 일을 예상할 때 신통하게 잘 맞힌다는 '족집게' 목사가 되었습니다.

자연식(自然食)

정선시장 안에 집시랑 옷가게를 하시는 배경숙 권사님. 목사의 설교에 대한 자신의 견해(見解)를 말씀하십니다. "목사님 설교는 자연식입니다."

자연식의 유의어인 자연식품(自然食品)은 인공 첨가물을 사용하여 가공하지 않은 자연 그대로의 성분을 유지하고 있는 식품입니다.

첨가물(添加物).
음녀의 꿀 같은 말과 기름 같은 말(잠 5:3).
교묘한 말과 철학과 속임수(골 2:4-8).
레위기가 금지물로 규정한 '꿀'(레 2:11)이 기름과 더불어 첨가된 음녀의 말에 "죽은 자가 허다하니라"(잠 7:26) 했으니, 골로새서의 교묘한 말과 철학과 속임수 또한 '죽는다'의 속된 표현인 '골로 간다'라는 뜻이 아닐까요?

자연식품에 대한 호불호(好不好)가 갈리는 것은 우리의 입맛을 바꾸어 놓은 일등공신 MSG(Mono Sodium Glutamate).

MSG는 가공식품을 제조할 때 향미를 높이기 위해 사용되는 첨가물인 글루탐산나트륨을 말하는 것입니다. 첨가물의 사전적 의미는 "이미 있는 어떤 것에 덧붙이거나 보탠 물질."

요한계시록은 "두루마리의 예언의 말씀 외에 더하거나 제하여 버리면 재앙을 그들에게 더할 것이요. 생명나무와 및 거룩한 성에 첨여함을 제하여 버리시리라"(계 22:18-19).

첨가물은 '생명'과 직결된 것이시기에 '가공식품'이 아니라 '하늘 양식'이 우리의 '영의 양식'이 되었으면 좋겠다는 생각을 해봅니다.

나도 인간이여

주일 오후에 모인 요한선교회 월례회.
회장이신 고철균 권사님의 저녁 식사 대접.

정선 군언횟집.
한 테이블당 오인분씩 주문을 하셔서 제법 많은 회가 나왔습니다.
남은 회를 더 드시라고 권유하십니다.

집중된 권유를 받은 분은 역도(力道)를 하신 장계훈 장로님이었습니다.
장계훈 장로님의 대답.
"나도 인간이여."
오전 2부 예배를 마치고 기획위원회로 모였다가 함께 나눈 점심식사.
목사가 일방적으로 주문해 드린 장계훈 장로님의 식사는 자장면 곱빼기(double)였습니다.
자장면 곱빼기와 함께 나눈 탕수육.

저녁 식사로 회도 곱빼기로 드시라는 말씀에 대한 장로님의 대답이셨습니다.
"나도 인간이여."

다, 개여

금경임 권사님의 회상(回想).

언젠가 부흥회 오신 강사님 식사 대접.
식사 메뉴를 받기 위한 금경임 권사님의 물음에 함께하신 목사님들의 대답.
"목사님들은 다, 개여."

개를 선택하셨다는 목사님들.
"목사님들은 다, 개여."

메뉴 선택.
보신탕이었습니다.

빼다구 강대상

강대상(講臺床) 구입을 위해 다녀와야 한다는 목사의 말에.

유정순 장로님의 염려.
"빼다구로 된 것은 별로예요."

'빼다구 강대상.'
유정순 장로님의 염려는 크리스탈(crystal) 강대상을 말씀하신 것이었습니다.

빼다구 강대상은 뼈다귀 강대상이었습니다.

크리스탈(crystal) 강대상.

정식교인(正式敎人)

안매화 권사님의 전도 대상자 이영자님.
요즘 교회를 바라보는 시선(視線)과 교인들을 향한 자신의 바람. "교인들이 정식교인이 되었으면!"

성경의 다른 표현이겠죠?
교회 안의 자연인이나 어린아이 신앙이 아닌 신령한 자(고전 2:15).
말씀을 통하여 흉악한 자를 이기는 청년의 신앙(요일 2:14).
좋은 무화과와 남은 자(렘 24:2-8).

정식(正式)의 참고어는 약식(略式)입니다.
약식의 사전적 의미는 "제대로 된 격식이나 의식의 절차를 생략한 격식이나 의식."

신앙의 의미로는 생략된 신앙!
즉, 겨울과 안식일 신앙(마 24:20)을 말씀하시는 것이 아닐까요?

안 믿는 분들의 바람. '정식교인.'

송영구신예배(送迎舊新禮拜)

정선감리교회. 중등부 전설린.

송구영신예배를 마치고 귀가하려는 친구들에게 던진 한 마디. "야!! 송영구신예배는 말씀 카드를 뽑아가는 거야."

설린이를 통해 새롭게 인식된 예배.
송영구신예배.

말씀 카드를 뽑아야 된다는 것. 말씀을 가지고 귀가해야 그것이 송영구신예배라는 것.

송영(送迎). 보내고, 맞는다.
구신(舊新). 옛것과 새것을.

새해를 맞이하는 첫 예배.
말씀과 함께해야 된다는 선언을 설린이를 통해 듣습니다.

송영구신예배(送迎舊新禮拜).
송구영신예배의 전설린 피셜.

자랑

본당 1층 로비에서 인사를 나누며 지나가는 목사를 불러 세우십니다.

최득규 성도.
느껴지는 냄새로 봤을 땐 약주(藥酒)를 많이 드신 것 같습니다.

고희(古稀) 연세를 앞두신 성도의 자랑.
"내가 이래 봬도 괜찮은 사람이죠?"

지갑에서 꺼낸 면허증을 치켜세워 보시면서 "참 좋네요!!!!"

불러 세운 목사에게 너무 자랑스럽게, 뿌듯하게 하시는 자랑.

당신의 원동기 면허 자격증이었습니다.

Autobicycle License.

눈싸움과 교회

유경수 집사가 아들 하준이에게 물었습니다.
"눈싸움할래, 교회 갈래?"

아빠도 놀랄 다섯 살배기 하준이의 대답.
"교회 갔다 와서 눈싸움할래."

교회가 먼저라는 하준이의 대답.
성전에 머물던 예수께서 당신을 찾던 부모에게 하셨던 대답처럼 말입니다.
"내가 내 아버지 집에 있어야 될 줄을 알지 못하셨나이까"(눅 2:49).

먼저의 경우.
오벧에돔, 법궤 모심이 먼저였을 때, 상승, 등용의 복.
다윗, 법궤 모심이 먼저였을 때, 나단을 통한 언약의 복.
솔로몬, 성전 건축이 먼저였을 때, 군사적 승리.
가이오와 데메드리오, 나그네 된 주의 종들과 동역함이 먼저였을 때 범사와 강건의 복.
출애굽 공동체, 사흘 길 가서 드리는 예배가 먼저였

을 때 시내산 언약의 복.

출바벨론 공동체, 성전 재건이 먼저였을 때 복 주시기로 뜻을 바꾸신 하나님.

교회가 먼저여야 한다는 하준이.
110년 교회 전통과 2023년 정선교회 아동부 37명 등록의 저력(底力)이었습니다.
111년째 맞이하는 정선교회 역사에 하준이 언어.

20세 이상 싸움에 나갈 만한 자를 계수할 때 먼저 성막(예배)책임자로 레위인을 구별해야 한다(민 1:47-54)는 하나님의 말씀과 같이, 2024년 정선교회 부흥의 키워드(key word)로 들림은 목사에게만 비약(飛躍)일까요?

교회가 먼저.

옥도쟁끼, 아까쟁끼

지방 부흥회를 마치고 귀가하시다 교회 계단에서 넘어지신 권옥랑 권사님과 통화.

"에르벨 타고 왔으면 갠찬을 틴데 잘못 디데 가지고 콱 굴러 바케 가지고 골이 큰기 뚝 불어나고 여럿이 쩌들어 일쿠고 그랬어요.
바지도 뚜겁고, 버선도 뚜겁고 내복도 입었는데 바지도 뚤버졌나보이 뚤버지지도 안았는데 종가리도 엎어지미 깐는지 까지고, 집에 오니 얼마나 벌벌거리고 떨리는지 청심환을 먹었어요.
옥도쟁끼는 분데 필요하거든요, 손에다 칠해서 막 발랐어요.
아까쟁끼는 빨개요. 금방 썩, 비든지, 찔리든지, 째개지든지, 바르믄 고데 아물어요.
하나님 붙잡아 주셨으니 그르잔으믄 뭐, 깨졌드라믄 피가 철철 흐르고 했쓰믄 어떠할 뿐했어요. 인제 아무치도 안애요."

권사님의 정선 아리랑 버전.
골에 큰 기 뚝 불어난 데는 노란 약 옥도쟁끼.

종가리 까진 데는 빨간 약 아까쟁끼.
벌벌 떨리는 가슴에는 청심환.

"인제 아무 치도 안애요."

빨간 약도, 노란 약도, 청심환도 아니었습니다.
"하나님 붙잡아 주셌으니"였습니다.

하늘나라 비행기

고(故) 김옥남 권사님의 천국 환송 고별 하관 예배.

취토와 선고를 마칠 즈음, 쌍둥이 증손자 둘이 인사를 전합니다.
"할머니 안녕, 할머니 만나려면 비행기를 타고 가면 되겠지?"

여수룬을 도우시려고 '하늘을 타고' 오시는 하나님처럼(신 33:26).
엘리야가 불말들이 이끄는 '불수레를 타고' 회오리바람으로 하늘로 올라간 것처럼(왕하 2:11).
재림하시는 주님께서 피 뿌린 옷을 입고 '백마를 타고' 오시는 것처럼(계 19:11-13).

부활하신 예수의 승천, '올려지심'에 관한 공통분모는 '하늘'이었습니다.

하늘로 올려지사(막 16:19).
하늘로 올려지시니(눅 24:5).
하늘로 올려지신 예수(행 1:11).

김옥남 권사님의 쌍둥이, 증손자들의 하늘나라.
 하늘로 올려지기 위해 타야 하는 것, 엘리야의 불수레 같이 비행기 타고 가는 곳.

・・・・・
동막골 행복

정선 아리랑 마을을 이렇게들 말합니다.
"북한, 방송국 소품실, 드라마 세트장, 민속촌, 동막골 같다."

동막골.
외딴 마을의 평화로운 삶, 훼손되지 않은 천국 같은 곳. 적대적이었던 군인들이 마을 사람들의 삶과 얽히게 되면서 변화된 삶을 경험하며, 전쟁이 평화로, 군복이 농부복, 수류탄이 터져 만든 옥수수 팝콘이 눈 오듯이 내리고, 어제의 적이 친구로, 그들의 싸움은 평화의 공간 동막골을 지키기 위한 것으로 바뀝니다.

그 시작과 무너짐의 경계에는 동막골 언어가 있었습니다.
"근데 있잖아, 니, 쟈들하고 친구나?"
"그게 저, 제가 '하우 아 유' 하면 이 사람이 '파인드 앤유'를 해야 되거든요!"
"스미스요? 그럼 성이 '스' 래요, 스씨도 다 있나?"
"뱀이 나와~ 뱀이 나온다니, 여 누워 있지 마라. 뱀이 거 깨물면 마이 아파!"

그래서일까요?
지방 부흥성회 강사로 오셨던 최용태 목사.
정선에서의 일정을 "동막골 행복이었습니다"라고 합니다.

함께 나눈 권옥랑 권사님의 정선 이야기가 오버랩됩니다. "에르벨 타고 왔으믄 갠찬을 틴데 잘못 디데가지고 꽉 굴러 바케가지고 골이 크기 뚝 불어나고 여럿이 쩌들어 일쿠고 그랬어요. 종가리도 엎어지미 깐는지 까지고, 옥도쟁끼는 분데 필요하거든요. 아까쟁끼는 썩 비든지 찔리든지, 째개지든지 바르믄 고데 아물어요, 하나님 붙잡아 주샜으니 그르잔으믄 뭐, 깨졌드라믄, 피가 철철 흐르고 어떠할 뿐했어요."

이웃 마을 동막골 언어가 가져온 평화. 정선 아리랑 언어와 억양이 경계를 헐고, 행복과 평화를 가져오는 바이러스이기를 소망해 봅니다.

'동막골 행복'을 말하는 목사님이 꼭 '또 올끼래요'라고 할 것만 같습니다.

3D 업종

실업이 증가해도 기피 현상으로 심각한 인력난을 겪고 있는 분야.

더럽고(dirty), 어렵고(difficult), 위험한(dangerous) 산업을 일컫는 말입니다.

소천하신 교우를 애도하며 구정(舊正)에도 교인의 천국환송고별예배를 드려야 한다는 목사님에 대해 애처로움으로 "목사님들도 3D 업종이죠?" 하시는 용탄교회 이희자 권사님.

권사님의 3D 업종이라는 말씀에 오버랩 되는 내용.

돌에 맞아 죽은 줄로 여겨 던져짐을 당하고(행 14:19), 성경을 열 세 권이나 대필했음에도 설교에 심한 대적자(딤후 4:15)가 있었던 바울.

또한, 눈물의 선지자 예레미야, 그를 고랑으로 채우고, 모욕 거리가 되고, 사방으로 두려움이 엄습하며, 친한 벗도 실족하기를 기다리며 그에게 원수를 갚자고 말한다(렘 20:2).

혀로 치고, 어떤 말에도 주의하지 말자(렘 18:18) 하였고 우리 손에 죽을까 하노라(렘 11:21)하여 그의 사역

현장을 사면초가의 '마골밋사빕'이라 하였습니다.

최근에는 원거리(distant) 특성이 있는 원양업계를 더하여 4D 산업이라 합니다.

목회 현장의 인력난과 4D.
'부름 받아 나선 이 몸 아골 골짝 빈 들에도 가오리다'는 옛 이야기, 이제는 '스타벅스 있는 곳을 가오리다'로 패러다임의 전환을 가져왔답니다.

하여, 청빙 할 수 없는 사역자.
귀하신 몸, 도사님(?)을 '금도사'라 하는 웃픈 현실.

"목사님들도 3D 업종이죠?"

엄마 안됨

목사의 아들이 목회하는 부여 신성교회 교우들.
부여의 시골, 대부분 연세 높으신 어르신들이 중심된 교회.

하여, 충청도 어르신 버전이라 해야 맞겠죠?

신년 기도제목.
'교해 부흥 대게.'
'아들 딸 다 긍강하기.'

손자뻘 되는 전도사에게 명절이라고 봉투를 건네 주셨답니다.
명절 봉투에도.
'엄마 안됨.'
'제송.'

이웃 마을 수퍼 사장님이 교회를 위하는 마음으로 이웃 초청 잔치에 교회를 방문 하셔서 드린 헌금에는 '축 발전.'

어르신, 시골버전이 뭣이 대수겠습니까?

시탄(柴炭) 헌금을 실탄(實彈) 헌금.
전도(傳道) 능력을 절도(竊盜) 능력.
가나안 땅을 가난한 땅.
'gips'를 '공구리친다' 하고.
대궁이 너무 커서 '고추가 지랄났어요' 하고 기도 요청을 해도, 하나님은 다 아십니다.

빨 받는 빡쎈 기도

새 차를 구입하시고 드린 목사의 기도를 대찬 기도, 야무진 기도에 감사한다는 최부규 권사님.

코로나 치료에 대한 목사의 기도에 열심히 기도하여 얻은 효험을 말하는 사전적 의미의 '기도 빨'이 있기를 원한다는 최동근 권사님.

목사의 아들 교회에 아웃리치팀의 방언기도를 87세 새가족 이종갑 성도는 "고참들이 하는 고참 기도인가?" 하셨답니다.

지금은 집사가 되셨지만, 정선 남평교회를 처음 나가셨을 때 "뭐라고 씨불이는 거여?"
방언기도가 씨불이는 '씨불기도'였습니다.

정선 화암교회 모 집사님의 '틈새 기도'를 못마땅하게 여긴 불신 남편.
씨벌씨벌하는 소리로 들리고 하여, 김 씨 성을 가진 아내를 김씨벌이라 하셨다니, 남편에게는 '씨벌기도'가 아니었을까요?

신정일 권사님의 발목 수술을 위해 기도하시는 전단출 권사님.

전에 어깨 수술을 할 때는 빡세게 기도하고 가서 오전만 아프고 코를 골며 주무셨다고 합니다.

하여, 목사도 지지하고 응원하며 기도하겠습니다.
빡센 기도의 '빨'이 있는 회복과 치료가 있기를 말입니다.

보금문과 오도바이

목사의 아들이 목회하는 부여 신성교회.
50일 기도학교, 교우들의 기도 제목 중, '마을회관 어르신들 보금문 구원.'

부여 석성 제일감리교회 본당에 교우가 기증한 대형 거울에 기증자 이름. '증, 석성 오도바이.'
석성 오도바이 상호(商戶)도 지역 이름인 '석성'에서 이제는 '십자가'로 바뀌었습니다.

'보금문 구원'이 복음의 문을 통한 구원을 기도하신다는 내용이겠죠?
'십자가 오도바이' 또한 '십자가의 도가 구원을 받는 우리에게는 하나님의 능력'(고전 1:18)이라 하였으니 '보금문 오도바이' 아니겠습니까?

구원 역사의 갈망이 기도 제목과 상호(商戶)에 있습니다.

보금문 마을회관, 보금문 오도바이.

성문이 열린 여리고(수 6:20) 같이, 광대하고 공효한 문이 열리는 에베소(고전 16:9) 같기를 함께 소망합니다.

보금문과 십자가 오도바이를 통해서 말입니다.

변기(便器)의 요단강

"혹시 그거 아세요? 얼마 전 변기가 요단강을 건널 뻔하다가 극적으로 되살아났어요. 휴지는 휴지통에 꼭 넣어주세요."

변기가 요단강 강가에서 되살아 난 사건에 관한 회상과 요단강 위험 원인인 '휴지'에 관한 주의(注意) 글.

2024년 부활절 절기에 되살아난 변기.

우리에게 익숙한 성경의 내용.
마른 뼈가 되살아나다.
아론의 지팡이가 되살아나다.
마라의 쓴 물이 고쳐져 단물로 되살아나고, 기름병에 마르지 않는 회복이 있고, 가루통에도 떨어지지 않는 회복이 있었습니다.
예수님, 사망 권세 이기시고 무덤에서 부활하셨다.

예수님 무덤에서의 부활(復活, revive).
화장실 변기, 휴지에서의 부활(復活, revive).

부활(risen) 절기라 하더라도 화장실 안쪽 문에 붙은 내용을 낱장 복음, 쪽복음과 같이 '쪽계시'라 하고 부활(risen)에 관한 계시라고 한다면 너무 질러나간 비약(飛躍)이겠죠?

정선, '달보다가' 카페 화장실 안쪽에 게시(揭示)된, 변기 회복 계시(啓示) 내용이었습니다.

내일 또 올게요

정선교회 초등부실에 설치된 전도용 에어바운스.
천장에 닿을 만큼 높이가 높고 성인이 뛰거나 미끄럼틀을 타도 괜찮은 기구입니다.

한 주간 다녀간 누적 인원이 120명.
그중에는 교회와 예배에는 나오지 않았던 아이들도 많이 있습니다.

밤낮으로 오고, 땀 나도록 뛰고 담임목사 목양실 뽀로로 음료도 친구들 것까지 가져가고, 귀가할 때도 음료를 들고 갑니다.

쭈뼛거리지 않고 당연하게 여겨주니 감사할 뿐이고, 교회에 오는 일도 그랬으면 좋겠다는 마음으로 목양실 도어락 비밀번호까지 알려주었습니다.

귀가하는 아이들이 이렇게 인사하고 교회를 나갑니다. "내일 또 올게요."

바울의 예루살렘 방문 계획이 늦춰지고 에베소에 더 머무를 수밖에 없다는 이유.

'광대하고 유효한 문'(고전 16:9), 크고 효과적인 문이 열렸기 때문.

인구소멸확정지역인 정선, 정선 봉양초등학교 전교생이 95명인 것과 정선초등학교 가수분교에 전교생 5명인 것을 감안할 때, 정선교회에 '광대하고 공효한 문'이 열렸다고 말해야 하지 않을까요?

"내일 또 올게요."

닭과 콤퓨타

목미준선교회에서 맡겨주신 신학대학원 원데이 세미나 '선교' 수업시간.

특별한 내용을 기대했는지 가장 많은 인원이 참여하였습니다.

'교'를 '선' 하는 '선교', '도'를 '전' 하는 '전도.'
결국, 선교는 바이블(Bible)이다.
하여, 누구든지 할 수 있다는 결론과 의미로 질문했습니다.

지금 목회 현장에서 '교'를 '선' 하고 '도'를 '전' 하는 이의 지능지수(IQ)가 89라면 어느 정도 수준이냐는 질문에 "그 정도면 닭 수준 아닐까요?"

목사의 지능지수(IQ) 89가 닭 수준이라는 말을 들은 정선교회 최순학 권사님. "목사님이 성경의 족보 외는 것을 보면 우리 목사님은 콤퓨타예요, 콤퓨타."

닭과 콤퓨타를 짐승과 디지털이라 해도 될까요?
사실임에도 불구하고 닭보다 콤퓨타가 듣기는 좋았습니다.

전설의 호구

교우들과의 나눔.

사택을 방문하시는 교우들과는 세탁기 용품, 섬유유연제 '퍼실'도, 인공 눈물도 나누고, 해장국집에서 만난 교우들, 식삿값 나눔(?).

테이블 세 곳 식삿값을 함께 계산하다 보니 '처음처럼' 소줏값도 있었습니다.

전직 간호사였던 아내가 야단합니다.
"목사님, 약은 그렇게 퍼 돌리는 게 아닙니다."

언젠가 희망나눔선교회 회원들의 물음.
"가을에는 손님들이 또 얼마나 오세요. 우리 목사님이 호구인가?"

전국호구 소문을 듣고 확인차 왔다는 신동교회 김진구 목사님.

반찬 솜씨가 형편없어, 목사의 실패한 결혼이라는 말에 반기를 드는 여선교회 회원들.
"목사님이 생활비를 막 써서 사모님이 결혼에 실패했어요!"

동부연회(東部年會, Dongbu Annual Conference) 연회장.
선교비 마련을 위한 여선교회 커피 판매.
정선교회 연회 회원들과 백용현, 이종철 목사님 테이블, 연회 여선교회 임원들까지.
그날 커피 접대비가 26만원.
옆에 계시던 재정부장이신 이왕균 장로님께 여쭈었습니다.
"제가 생각해도 이건 병적 증세죠?"
퍼 돌리는 목사, 전국호구 목사, 도지는 병을 지닌 목사.

카페 '달보다가'에서 일면식이 없는 두 분이 우리교회 집사님들과 함께 계셔서 대접해 드린 샌드위치.
후에 들려온 목사에 대한 리뷰는 '유니콘'(unicorn)이었습니다.

퍼 돌리는 목사, 호구 목사, 증후군(症候群) 목사에서 '전설'적인 목사가 되었습니다.
아마도, '증후군의 전설'을 말한 것은 아니었겠죠?

참새들이 목사 사택 마당으로 집단 이주한 일이 발생하였습니다.
이금득 권사님이 보내오신 '참새 소리' 영상 파일.

본래는 권사님네 마당이 참새들의 거주지였는데, 목사님 댁으로 모두 이사했다는 증거 파일이었습니다.
하여, 떠나간 참새들을 위해 다시 곳간(庫間)을 열겠다 하시는 권사님.

참새들에게도 집단 이주할 만큼의 '호구'가 필요했던 것일까요?
성미 곳간을 열어서 퍼 돌리는 호구 말입니다.

하여, 아리랑 마을의 아리랑 목회.
참새들에게, 교우들에게도.

호구증후군 유니콘(虎口症候群傳說)이 요청되는 목회 아닐까요?